RÉFLEXION SUR L'AUTONOMIE STRATÉGIQUE AFRICAINE

Youssouf SYLLA

RÉFLEXION SUR L'AUTONOMIE STRATÉGIQUE AFRICAINE

L'Harmattan
Guinée

Du même auteur, chez l'Harmattan

Post Françafrique. 2021

Droit guinéen de l'environnement. 2022

http://www.editions-harmattan.fr

ISBN : 978-2-336-53461-9

EAN : 9782336534619

Je dédie ce livre à ma défunte sœur, Khadija Sylla, cette belle âme qui a cru en moi. Merci pour tout Khadija !

Sommaire

SIGLES ET ABRÉVIATIONS

ADUA (Agence de développement de l'Union africaine)
AGOA (Loi sur la croissance et les opportunités économiques en Afrique)
APC (Agence de planification et de coordination du NEPAD)
APE (Accords de partenariat économique)
ACP (Afrique, Caraïbes et Pacifique)
AES (Alliance des États du Sahel)
ADB (Accord de défense bilatéral)
AFDL (Alliance des forces démocratiques du Congo)
AEF (Afrique-Équatoriale française)
BAD (Banque africaine du développement)
BRIC (Brésil, Russie, Inde, Chine)
BRICS (Brésil, Russie, Inde, Chine, Afrique du Sud)
CAE (Communauté d'Afrique de l'Est)
CARICOM (Communauté caribéenne)
CAR (Conflict Armament Research)
CPI (Cour pénale internationale)
CPS (Conseil de Paix et de Sécurité)
CNDP (Congrès national pour la défense du peuple)
CARIC (Capacité africaine de réponse immédiate aux crises)
CPS (Conseil de paix et de sécurité)
CEDEAO (Communauté économique des États de l'Afrique de l'Ouest)
CEEAC (Communauté économique des États de l'Afrique Centrale)

CEE (Communauté économique européenne)
CAE (Communauté de l'Afrique de l'Est)
CESA (Centre d'études stratégiques de l'Afrique)
COMESA (Marché commun pour l'Afrique orientale et australe)
CEN-SAD (Communauté des États Sahélo-Sahariens)
CEA (Communauté économique africaine)
CER (Communauté économique régionale)
CIJ (Cour internationale de justice)
CPA (Congrès panafricain)
CPI (Cour pénale internationale)
EFC (États fragiles et affectés par les conflits)
EIGS (État islamique dans le Grand Sahara)
EAMA (États africains et malgaches associés)
ECOMOG (Economic Community of West States Cease-fire Monitoring)
FDLR (Forces démocratiques de libération du Rwanda)
FDR (Forces de défense du Rwanda)
FAP (Facilité africaine pour la paix)
FEP (Facilité européenne pour la paix)
FPR (Front patriotique rwandais)
FRAPP (Front pour une révolution anti-impérialiste, populaire et panafricaine)
FARDC (Forces armées de la République démocratique du Congo)
FAA (Force africaine en Attente)
IBK (Ibrahim Boubacar Keita)
IRIS (Institut de relations internationales et stratégiques)
IGAD (Autorité intergouvernementale pour le développement)
IRSEM (Institut de Recherche Stratégique de l'École militaire)
IHRDA (Institut pour les droits de l'homme et le développement)
IIRA (Indice de l'intégration régionale en Afrique)

MNC (Mouvement National congolais)

MINUSCA (Mission multidimensionnelle intégrée des Nations Unies pour la stabilisation en République centrafricaine)

MAP (Millenium African Renaissance Programme)

MONUSCO (Mission de l'ONU pour la stabilisation de la RDC)

MNA (Mouvement National de l'Azawad)

MNLA (Mouvement National de Libération de l'Azawad)

M23 (Mouvement du 23 mars 2009)

MNC (Mouvement National congolais)

NEPAD (Nouveau partenariat pour le développement l'Afrique)

NAACP (National Association for the Advancement of Colored People)

OUA (Organisation de l'Unité africaine)

OTAN (Organisation de l'Atlantique nord)

ORD (Organe de règlement des différends)

OMC (Organisation mondiale du commerce)

OMS (Organisation mondiale de la santé)

PNUD (Programme des Nations Unies pour le Développement)

PADC (Politique africaine de défense commune)

PASTEF (Patriotes africains du Sénégal pour le travail l'éthique et la fraternité)

PMA (Pays les moins avancés)

RASD (République arabe sahraouie Démocratique)

RDC (République démocratique du Congo)

SMP (Société militaire privée)

SADC (Communauté de développement de l'Afrique australe)

SLE (Libéralisation des Échanges)

STABEX (Fonds de stabilisation des recettes d'exportation sur les produits agricoles)

SYSMIN (Système de Développement du potentiel minier)

USA (Etat-Unis d'Amérique)

UNFPA (Fonds des Nations Unies pour la population)

UMA (Union du Maghreb arabe)

UNFPA (Fonds des Nations Unies pour la population)

URSS (Union des Républiques soviétiques Socialistes)

UE (Union européenne)

UA (Union africaine)

ZEP (Zone d'échanges préférentiels)

ZLE (Zone de Libre-échange)

I. Introduction

Stratégie

Avant de connaitre un fulgurant développement dans différents secteurs (politique, économique, commercial, industriel, culturel, etc.), la stratégie fit d'abord son apparition dans le domaine militaire. Dans son célèbre ouvrage « L'Art de la guerre », rédigé vers le Ve siècle av. J.-C., le général chinois Sun Tsu explique abondamment l'importance de la stratégie dans la victoire militaire. Dans l'article I de son traité consacré à l' « Evaluation », il dit que « si nous voulons que la gloire et les succès accompagnent nos armes, nous ne devons jamais perdre de vue les choses suivantes : la doctrine, le temps, l'espace, le commandement, la discipline ». Sun Tsu insiste également sur la « connaissance de soi et de son ennemi », la « ruse », le « moral des troupes », l' « esprit d'équipe » et l'« adaptation » de la stratégie à la réalité, comme étant les voies d'accès à la victoire militaire. Le terme stratégie trouve également son origine dans deux mots grecs, « Stratos » qui signifie armée et « Ageîn », qui signifie conduire. « Contrairement à la tactique dont l'enjeu est local et limité dans le temps (gagner une bataille), la stratégie a un objectif global et à long terme (gagner la guerre). [1]».

---

[1] Olivier Joffre, Manuel Cartier, Hélène Delacour, *Les origines de la stratégie*, éd. Dunod, 2010, pp. 10-13.

Les organisations du secteur privé et public qui ont l'ambition de grandir et de devenir des leaders dans leurs domaines respectifs, mais aussi les États et les organisations interétatiques qui sont dans le même état d'esprit, se dotent en général d'une stratégie. Comment définir alors la stratégie ? Il existe plusieurs définitions à cet égard. Mais retenons celles de Denis Chabault, d'Henry Mintzberg et de Bruno Colman. Enseignant-chercheur en Sciences de Gestion à l'Université Paris Saclay, Chabault dans l'« Introduction à la stratégie d'entreprise » écrit que « la stratégie consiste en une allocation de ressources qui engage l'organisation dans le long terme en configurant son périmètre d'activité, afin d'obtenir un avantage concurrentiel et de créer de la valeur pour les clients. ». Étant un facteur clé de succès, il estime que la stratégie concerne toutes les entreprises, petites ou grandes. Dans « Les cinq P de Mintzberg pour la stratégie [2]», il est postulé qu'une stratégie doit répondre à cinq perspectives : le plan (ligne de conduite délibérée), le stratagème (manœuvre ou tactique pour obtenir un avantage concurrentiel), le modèle (stratégie réalisée), la position (positionnement de l'organisation par rapport à ses concurrents sur le marché) et la perspective (valeurs et de croyances partagées au sein de l'organisation autour d'un idéal commun). L'approche de Mintzberg permet d'améliorer le positionnement de l'organisation sur le marché concurrentiel, grâce à sa capacité d'adaptation au changement. Enfin, Bruno Colman évoque la stratégie dans la sphère étatique. Il parle de l'État stratège, qui est un « État qui est capable d'anticipations, d'actions accordées et structurantes, transversales et de long terme, et dont le pilotage conduit à subordonner toute action aux meilleurs équilibres sociétaux.[3]». Ces différentes

---

[2] University of Cambridge, *outils d'aide à la décision.*

[3] Bruno Colman (L'Éventail), *Restaurons un État stratège*, le 13 mars 2023.

définitions de la stratégie dans les secteurs militaire, privé et public, ont en commun, la vision, le positionnement par rapport aux concurrents, l'adaptation, la discipline, l'esprit d'équipe et l'allocation des ressources nécessaires pour réaliser les objectifs stratégiques.

Autonomie stratégique : histoire et globalité d'un concept

D'origine française, le concept d'autonomie stratégique fit son apparition en 1994 dans le « Livre blanc de la Défense ». Il traduit la politique de défense qui entend faire de la dissuasion nucléaire le principal point d'ancrage de l'autonomie stratégique française et non la fiabilité totale ou la dépendance aux « aux seules garanties de l'Alliance atlantique. [4]». La démarche qui a conduit à cette autonomie est expliquée par Jean-Pierre Maulny dans un discours prononcé le 4 mars 2019 dans la chaire « Grands Enjeux stratégiques contemporains » de l'Université de Paris I, Panthéon Sorbonne : « Notre pays a voulu être en mesure de ne pas dépendre d'autrui pour sa fourniture d'armement suite à la crise de Suez de 1956 et l'absence de soutien des États-Unis. Ce choix politique était possible du fait de notre capacité économique et permettait à notre pays d'exercer pleinement notre souveraineté sans contrainte potentiellement contraire à nos intérêts. (…). Cette autonomie stratégique souhaitée par la France et exprimée dès la fin de la crise de Suez - avec comme point d'orgue la sortie du commandement militaire intégré de l'OTAN en 1966 - ne signifiait pas pour autant que notre pays renonçait à ses alliances et surtout à soutenir ses alliés en cas de crise grave. ». Comme on le constate, loin d'être une autarcie, l'autonomie stratégique est aussi une ouverture envers ses alliés.

---

[4] France, Livre blanc de la Défense, 1994, p. 50.

Un aperçu de l'autonomie stratégique française, du fondement de sa politique de défense et des objectifs de celle-ci, est donné par la loi française n°2023-703 du 1er août 2023 relative à la programmation militaire pour les années 2024 à 3030 et portant diverses dispositions intéressant la défense. L'article 2 de cette loi permet à la France « (…) d'être en capacité de répondre de manière autonome à l'évolution des conflictualités et des menaces pour les intérêts nationaux, la sécurité et la défense nationale (…). » Elle permet à la France d'avoir une politique de défense « …fondée sur le socle de la dissuasion nucléaire, renouvelée dans la logique de la juste suffisance et de la crédibilité, et sur le modèle d'armée d'emploi qui assure des capacités d'intervention et de projection autonome face à une agression ou une menace d'agression sur ses intérêts nationaux et stratégiques. ». Le même article décrit les objectifs de la politique de défense de la France. Ces objectifs visent, entre autres, à assurer l'intégrité du territoire national, à lutter contre les menaces actuelles et futures susceptibles de mettre en cause la souveraineté nationale, à concourir à la sécurité de l'Europe, à son autonomie stratégique et à la construction d'un solide pilier de défense au sein de l'OTAN.

La France est aussi un ardent défenseur de l'idée de l'autonomie stratégique européenne. Partant du postulat que le fondement de toute communauté politique est la sécurité, le président français, Emmanuel Macron, estime qu'en matière de défense, l'objectif de l'Europe doit être sa capacité d'action autonome, « en complément de l'OTAN.[5]». Cet objectif est d'autant plus nécessaire à son avis, que l'Europe vit un double mouvement, celui du « désengagement progressif et inéluctable des États-Unis »

---

[5] Élysée, *Discours d'Emmanuel Macron pour une Europe souveraine, unie et démocratique*, le 26 septembre 2017 à la Sorbonne.

et celui du « terrorisme durable ». Les autres pays européens, l'Allemagne en tête, redoutent que la rhétorique française sur cette question ne donne aux USA, des arguments pour accélérer leur désengagement de l'Europe. Toutefois, avec, le temps, l'idée de l'autonomie stratégique prend une place de plus en plus importante dans l'UE. C'est en 2013 que le concept d'autonomie stratégique fit son apparition dans le jargon européen. Le Conseil de l'UE déclare dans les conclusions de son sommet tenu à Bruxelles du 19 au 20 décembre 2013, que : « L'Europe doit disposer d'une base industrielle et technologique de défense (BITDE) plus intégrée, plus durable, plus innovante et plus compétitive pour pouvoir assurer le développement et le soutien de ses capacités de défense, ce qui pourra aussi lui permettre d'accroître son autonomie stratégique et sa capacité à agir avec des partenaires. ». Aussi, en juin 2016, dans le cadre de la Stratégie globale pour la politique étrangère et de sécurité de l'UE, les États membres du Conseil indiqueront au titre des priorités de l'action extérieure de l'UE en matière de « sécurité et défense », qu'« un niveau approprié d'ambition et d'autonomie stratégique est important si l'on veut que l'Europe puisse promouvoir la paix et garantir la sécurité à l'intérieur et à l'extérieur de ses frontières.».

Jusque-là cantonné dans un cadre strictement militaire, le concept d'autonomie stratégique, à partir des années 2020, s'est élargi à d'autres thématiques de grande importance, comme l'économie, le commerce, l'industrie et la technologie[6]. Cette évolution est remarquable dans le

---

[6] Selon Joseph Borrell, Haut représentant de l'UE pour les affaires étrangères et la politique de sécurité, *la science, la technologie, le commerce, les données et les investissements deviennent des sources et des instruments de pouvoir dans les politiques internationales*. Source :

Nouveau programme stratégique (2019-2024) de l'UE. Quatre grandes priorités apparaissent dans ce programme : protection des citoyens et des libertés ; mise en place d'une base économique solide et dynamique ; construction d'une Europe neutre pour le climat, verte, équitable et sociale ; promotion des intérêts et des valeurs de l'Europe sur la scène mondiale.

Depuis la fin de l'année 2019, certains événements, survenus en Europe et ailleurs dans le monde, ont relancé le débat sur l'autonomie stratégique de l'UE :

- la pandémie de la Covid-19 qui a brutalement conduit les Européens à découvrir « leur fragilité dans le secteur de la santé [7]» et leur désunion face à « l'attaque transfrontière du virus » ;

- l'apparition, à travers la guerre Russo-Ukrainienne[8], du premier conflit de haute intensité en Europe depuis 1945 ;

- le retour depuis le 5 novembre 2024 de Donald Trump, candidat du parti républicain, à la Maison-Blanche[9], et ;

UE, *De l'intérêt de l'autonomie stratégique européenne*, le 3 décembre 2020.

[7] Maria Castillo, *L'Union européenne et la Covid-19 : une crise à oublier ; une crise pour évoluer*, revue Cahier de la recherche sur les droits fondamentaux, 1er mai 2022.

[8] *La guerre peut resurgir en Europe occidentale,* écrivait le 6 juin 2024 Serge Galam dans la revue numérique Telos.

[9] *L'OTAN survivra-t-elle à Donald Trump ?* Telle était la question que se posait le journal The Conversation dans son édition du 1er décembre 2019, à cause de la tentation de Trump *de quitter l'organisation et de la remplacer par des alliances bilatérales rénovées.* Son retour aux affaires, début novembre 2024, met donc la presse européenne en émoi. Alain Frachon, éditorialiste au journal le Monde, écrit à ce propos, le 7 novembre 2024, qu'*Avec Donald Trump à la Maison-Blanche, la prophétie de général de Gaulle se réalise : un jour les États-Unis quitteront le Vieux Continent.* Cependant, dès après l'annonce des résultats, la France et la Pologne, quant à elles, ont vu, dans le retour de Donald Trump, l'occasion pour l'Europe de bâtir sa propre autonomie stratégique, surtout en matière de défense. *L'Europe doit se réinventer,* écrivent Hector De Rivoire (Maître de conférences à Sciences Po en

- la montée en puissance de la rivalité stratégique entre la Chine et l'Occident sur les dossiers économique, militaire, technologique et commercial, et géopolitique.

Face à tous ces enjeux, la mise en garde de Joseph Borrell à ses compatriotes européens est toujours d'actualité : « Si nous n'agissons pas de concert aujourd'hui, nous serons insignifiants demain. ».

Autonomie stratégique africaine

À la lumière des expériences française et européenne, on se rend compte que l'autonomie stratégique est un concept polysémique. Il trouve à s'appliquer aussi bien dans le domaine militaire que dans d'autres domaines : politique, économique, commercial, technologique, etc. Il s'agit en réalité d'un concept global. Par global, on entend ici un phénomène multidimensionnel, dynamique, évolutif et surtout adaptable aux besoins spécifiques de tout État ou groupe d'États. C'est en tant que concept global que la réflexion sur l'autonomie stratégique de l'Afrique est abordée et développée dans le présent ouvrage. Si l'autonomie stratégique est un concept français au départ, et de plus en plus européen ensuite, il ne saurait, de par sa globalité, se limiter à la seule l'Europe. Le continent africain peut donc s'en approprier et lui donner un contenu propre. Ce travail, relativement récent, est déjà entamé en

---

économie numérique) et Arthur De Liedekerke (Directeur des affaires européennes au sein du cabinet de conseil Rasmussen Global) dans une tribune publiée dans le journal La Croix (édition du 25 novembre 2024). *Elle doit réaliser qu'elle est désormais à la fois un acteur et un enjeu de la compétition mondiale, en particulier face à l'ascension de la Chine et l'instabilité générée par la Russie. Le cadre transatlantique ne peut plus être le seul horizon du Vieux Continent. Il doit, sans renoncer à ses partenariats traditionnels, se réinventer face aux défis d'un monde de plus en plus fragmenté.*

Afrique tant au niveau intellectuel qu'au niveau institutionnel.

Sur le plan de la production intellectuelle, on constate un intérêt croissant des auteurs africains pour les questions liées à l'autonomie stratégique du continent[10]. On peut, entre autres, citer les articles et ouvrages suivants : « L'appropriation africaine de la réflexion stratégique[11]» de Mankeur Ndiaye ; « Union africaine : Quelles options d'autonomie stratégique possibles ? [12]» d'Abdelkhalek el Bikam, Oumar Kourouma et Zitha Afang Ndong; « L'émergence de puissances africaines de sécurité : études comparatives[13]» de Yousra Abourabi et Julien Durand de Sanctis ; « Manuel stratégique de l'Afrique[14]» de Said Bouamama ; la collection « Stratégies africaines de sécurité» de la maison d'édition L'Harmattan affiche divers ouvrages, comme « Victoires dans les dunes » de Mokhtar Ould Boye et Charles Michel, paru le 1er avril 2020, et « G5 Sahel, une initiative régionale pour une nouvelle architecture de paix », « vers une africanisation des opérations de maintien de la paix » et « Sécurité et développement dans le Sahel » de Peer de Jong, tous les deux parus respectivement le 21 juin 2018, le 12 février 2019 et le 2 juillet 2020[15]. Différents rapports[16] et colloques

---

[10] On s'in*t*éress*e* ici aux auteurs francophones.

[11] Revue Défense nationale, 2016 N° 792(7), 29-33.

[12] Revue Policy Center, le 25 août 2017.

[13] IRSEM 2016, N°44

[14] Tomes 1 et 2, éd. Investig'Action, le 3 septembre 2018.

[15] Cette collection, dirigée par Bruno Mignot, vise à valoriser les réflexions des auteurs africains sur les questions de stratégie, de défense et de sécurité, sous un prisme totalement africain.

[16] Institut Royal des études stratégiques du Maroc (IRES) : Rapport stratégique 2018, *Pour un développement autonome de l'Afrique.*

[17]sont aussi consacrés à la question de l'autonomie stratégique africaine.

Les études et initiatives actuelles en matière d'autonomie stratégique de l'Afrique sont, en quelque sorte, la continuation des efforts réalisés, tant sur le plan politique qu'intellectuel, dans le passé par les grandes figures du panafricanisme. Pour se limiter à Afrique de l'Ouest, on peut citer les premiers présidents du Ghana (Kwame Nkrumah[18]), de la Guinée (Ahmed Sékou Touré[19]) et du Mali (Modibo Keita) à cet égard. Parmi les intellectuels de grande renommée qui se sont illustrés dans cette tâche, il y a le sénégalais Cheikh Anta Diop[20]. Bien avant ces éminentes personnalités africaines, c'est l'élite afro-américaine[21], qui fut la première à poser les bases théoriques de la liberté et de l'unité des noirs dans le monde.

---

[17] En octobre 2022 à Dakar (Sénégal), un forum était consacré à la question *de « l'autonomisation stratégique du continent dans le domaine de la sécurité. ».*

[18] Auteur prolifique, il a, entre autres, écrit les livres suivants : Le consciencisme, éd. Présence Africaine, mai 2009 ; *L'Afrique doit s'unir,* éd. Présence Africaine, mai 2009 ; et *Le néo-colonialisme,* éd. Présence Africaine, mai 2009.

[19] Tout comme Nkrumah, il a aussi à son actif divers ouvrages : *L'Afrique en marche*, éd. Imprimerie du Gouvernement, 1967 ; *L'Afrique et la révolution*, éd. Présence africaine, 1967 ; *Révolution, culture, panafricanisme*, éd. Bureau de presse de la présidence de la République, 1976 ; *Des États-Unis d'Afrique*, éd. Imprimerie nationale Patrice Lumumba, 1982 ; et *L'intégration économique de l'Afrique de l'Ouest*, éd. Imprimerie nationale Patrice Lumumba, 1981.

[20] Auteur de l'ouvrage *Fondements économiques et culturels d'un État fédéral d'Afrique noire*, éd. Présence africaine, 1974. Il a à son actif de nombreux autres ouvrages.

[21] Le trinidadien, Henry Sylvester-Williams (1869-1911), l'Haïtien, Benito Sylvain (1868-1915) et l'américain William Edward Burghardt Du Bois (1868-1963) et tant d'autres étaient les figures emblématiques de cette élite.

À bien des égards, l'engagement de l'UA, à travers son Agenda 2063, d'aller vers l'autonomisation stratégique de l'Afrique, n'est au fond, qu'une continuation du combat panafricain initié par cette élite.

Au niveau institutionnel, les années 2010 peuvent être considérées comme le point de départ de la deuxième étape de l'existence de l'Afrique, en tant que continent mature qui aspire à l'autonomie et à la puissance. La première étape étant consacrée à sa reconnaissance en tant qu'entité indépendante. Cette deuxième étape vise à consolider les acquis de la première et surtout à bâtir l'autonomie stratégique africaine. C'est en 2013, lors de la célébration du Jubilé d'Or de l'OUA/UA que le sommet de l'UA s'est doté pour les cinquante prochaines années de la vision d'une « Afrique intégrée, prospère et pacifique, dirigée par ses propres citoyens et représentant une force dynamique dans l'arène internationale ». Le sommet chargera ensuite la Commission de l'UA d'élaborer, en étroite collaboration avec le NEPAD, la BAD et la CEA, l'Agenda 2063 de l'UA, le premier document stratégique africain de grande importance. Avec sa vision et ses aspirations, l'Agenda 2063 vise à donner naissance à une nouvelle Afrique. Cette nouvelle Afrique est décrite par l'ancienne Présidente de la Commission de l'UA, Mme Nkosazana Dlamini Zuma, comme une Afrique plus consciente d'elle-même, de son passé et de son présent, des défis et des possibilités auxquels elle est confrontée. Il s'agit aussi d'une Afrique qui doit définir sa place dans le monde et suivre le chemin qui mène vers l'intégration[22]. Outre l'Agenda 2063 de l'UA, l'autonomie stratégique rêvée par nombre d'Africains trouve ses assises dans différents instruments

[22] Message de Mme Zuma, à l'occasion de la clôture d'une année de célébration du Jubilé d'Or et du 51e anniversaire de l'OUA/l'UA, sous le thème *Panafricanisme et Renaissance africaine*, le 25 mai 2014.

d'intégration politique, économique et sécuritaire adoptés par l'UA[23] et les CER[24].

La construction de l'autonomie stratégique africaine vise trois objectifs :

- La réduction significative de la dépendance et de la vulnérabilité du continent dans trois domaines prioritaires : politique, économique et sécuritaire ;
- Le renforcement des capacités de l'Afrique dans la mise en œuvre de ses décisions dans ces trois domaines, et ;
- La construction avec les puissances extérieures des alliances favorisant la concrétisation de la vision de l'Agenda 2063 de l'UA.

La réalisation de ces objectifs rendra aux Africains leur fierté et fera émerger leur continent comme une puissance économique et politique stable dont la voix compte dans la marche du monde. L'Afrique qui en résultera sera une

---

[23] Les autres actes pris en vertu de l'Acte constitutif de l'UA en matière d'intégration politique, économique et sécuritaire sont par exemple, le Protocole relatif à la création du Conseil de paix et de sécurité de l'UA de 2002 ; le Traité d'Abuja de 199 ; l'Accord Zlecaf de 2018 ; le Protocole relatif au Parlement africain de 2014 ; le Protocole portant statut de la Cour africaine de justice et des droits de l'homme de 2008 et les décisions de la Conférence des chefs d'État et de gouvernement de l'UA.

[24] Pour le cas spécifique de la CEDEAO, les autres actes pris en vertu du Traité mettant en place la communauté en matière d'intégration politique, économique et sécuritaire sont notamment l'Acte constitutif, le Protocole sur la libre circulation des personnes, le droit de résidence et d'établissement de 1979 ; le Schéma de Libéralisation des Échanges (SLE) de 1979 ; le Protocole sur la démocratie et la bonne gouvernance de 2001 ; l'Acte additionnel A/SA.1/12/16 relatif au renforcement des prérogatives du Parlement de la CEDEAO de 2016 ; le Protocole mettant en place la Cour de justice de la Communauté de 1991 et les décisions de la Conférence des chefs d'État et de gouvernements de la CEDEAO.

chance pour la paix, la sécurité et la prospérité internationales.

Au travers d'une approche holistique, ce livre dans son introduction, présente l'autonomie stratégique comme un concept polysémique qui va bien au-delà de la défense, son acception originelle. Il englobe aujourd'hui les questions économiques, politiques, industrielles, technologiques, etc. En tant que concept global, capable d'orienter les États vers un futur souhaité, le concept d'autonomie stratégique trouve alors toute sa pertinence dans le contexte africain. Dans sa deuxième partie, il aborde les raisons historiques (Conférence de Berlin 1884-1885, par exemple) et actuelles (montée en puissance de l'extrême droite en Occident par exemple) qui plaident en faveur de cette recherche d'autonomie par l'Afrique. Dans sa troisième, quatrième et cinquième partie, le livre analyse abondamment les piliers politique, sécuritaire et économique de l'autonomie stratégique africaine au regard de la vision de l'Agenda 2063 de l'Union africaine adoptée en 2013, lors de la célébration du Jubilé d'Or de l'OUA/UA. C'est la vision d'une « Afrique intégrée, prospère et pacifique, dirigée par ses propres citoyens et représentant une force dynamique dans l'arène internationale ». Le livre aborde également les enjeux et les défis liés à la consolidation de chaque pilier de cette autonomie dans un contexte géopolitique en pleine mutation. Enfin, dans sa sixième partie, le livre insère les différents piliers de l'autonomie stratégique africaine dans un système intégré où la viabilité de chaque pilier dépend de celle de l'autre, vice-versa.

II. Raisons de l'autonomie stratégique africaine

Quatre raisons justifient la démarche de l'Afrique vers son autonomie stratégique.

1. Alignement quasi mécanique sur les politiques étrangères

Pourtant, dans le contexte de la guerre froide (1960-1990) entre le bloc de l'Est représenté par l'ancienne l'URSS et le bloc de l'Ouest représenté par les USA, le mouvement des non-alignés né lors de la Conférence de Bandung (Indonésie) tenue du 18 au 24 avril 1955, tenaient à s'émanciper de ce cadre de rivalités. Avec le temps, nombre de pays de ce mouvement ont fini par rejoindre l'un ou l'autre camp. De 1990[25] à 2000, le monde était quasiment dominé par l'occident, les USA en tête[26]. L'Afrique suivra à la lettre le libéralisme politique et économique promu, et imposé, dans certains cas, par les dirigeants occidentaux et les institutions internationales à caractère économique largement financées par les puissances occidentales (Banque mondiale et Fonds monétaire international). En Afrique francophone, le

---

[25] Les années 1990 correspondent à la chute du mur de Berlin et à la dislocation du plus grand rival des USA, à savoir l'URSS.

[26] Quelques pays résistent à l'expansion du modèle libéral promu par l'occident : la Corée du Nord, l'Iran, le Cuba, le Venezuela.

président français, François Mitterrand, lors du discours de La Baule prononcé le 20 juin 1990 au cours de la 16e conférence des chefs d'État d'Afrique et de France, lie désormais l'aide publique au développement des pays africains à la démocratisation de leur régime politique. Aussi, dans le cadre du partenariat économique entre l'Union européenne (UE) et les pays d'Afrique, des Caraïbes et du Pacifique (ACP), les accords de Lomé IV de 1989[27] et les autres accords qui suivront mettent l'accent sur le respect de la démocratie et des droits de l'homme par les pays ACP.

Ces pressions d'origine externe feront tomber, les uns après les autres, les régimes à parti unique en Afrique et y répandront la démocratie. Les conférences nationales[28] s'ouvrent alors en grande pompe dans certaines capitales africaines pour célébrer l'avènement de la démocratie et de nombreuses législations sont adoptées pour libéraliser l'économie, même ses secteurs les plus sensibles (télécommunications, énergie, eau, etc.). Les principes de la liberté de la presse, du respect des droits de l'homme, du multipartisme et de la séparation des pouvoirs sont partout inscrits dans les nouvelles constitutions. C'est une période qui voit la politique extérieure des États africains s'inscrire

[27] Dans son préambule, l'accord portant modification de la quatrième convention ACP-CE de Lomé, signé à Maurice le 4 novembre 1995, réaffirme l'attachement des parties *aux principes de liberté, de démocratie et de respect des droits de l'homme et des libertés fondamentales ainsi que de l'État de droit,* et formule le souhait de *faire de ces principes un élément essentiel de la convention de Lomé révisée.*
[28] C'est le Bénin de Mathieu Kérékou qui donne le ton en février 1990. Par un phénomène de contamination comparable au printemps arabe qui démarre en Tunisie en décembre 2010, les conférences nationales se tiennent dans nombre de pays d'Afrique francophones : Gabon, Congo, Mali, Togo, Tchad, Zaïre (actuelle RDC Congo) et Niger.

dans un contexte libéral orienté vers les aspirations des puissances occidentales.

Au début des années 2000, le modèle occidental est de plus en plus remis en cause par la montée fulgurante de la Chine[29] et d'autres puissances non occidentales, comme l'Inde, la Turquie, le Brésil, etc. Cette période est aussi marquée par le retour de la Russie en Afrique[30]. En 2009, ces puissances qui se réclament du Sud Global, créent les BRIC[31], (un groupe informel d'États émergents non

---

[29] En 2010, la Chine, pays de plus d'un milliard d'habitants, détrône le Japon et devient, après les USA, la deuxième économie du monde. Source : Jean-Louis Rocca, Monde diplomatique, *La montée en puissance de la Chine,* 2014.

[30] En octobre 2019, on assiste à la grande retrouvaille russo-africaine à Sotchi. La Russie joue sur divers registres pour se faire accepter par les États africains : absence d'un passé colonial, aide à la décolonisation au temps de l'URSS, indifférence aux principes démocratiques promus par ses rivaux occidentaux, engagement à fournir une assistance militaire aux États qui lui en font la demande, apposition de son veto à nombre de résolutions visant à condamner un régime « ami » africain et renforcement de la solidarité sanitaire à travers la distribution gratuite en Afrique du vaccin Spoutnik contre le coronavirus. En outre, elle signe une trentaine d'accords de défense avec les pays africains, sans compter l'intervention des paramilitaires russes du groupe Wagner en République centrafricaine pour protéger son président. Ils sont aussi présents au Mali après le départ des Français. C'est vraisemblablement cette stratégie d'engagement de la Russie en Afrique qui paie aujourd'hui à travers l'abstention et l'absence de nombre de pays africains lors du vote de la résolution condamnant son action militaire en Ukraine. Source : Youssouf Sylla, guinee7.com, *Guerre en Ukraine : le sens du vote africain à l'ONU,* le 4 mars 2022.

[31] BRIC est un acronyme inventé par l'économiste anglais Jim O'Neill de la Banque d'investissement américaine Goldman Sachs. Les BRIC font référence à quatre pays : Brésil, Russie, Inde et Chine. En effet, le département de recherche de cette banque a en 2001 publié une étude qui alertait sur la rapide croissance des économies de ces quatre pays, tout en recommandant leur intégration dans le G7, le groupe de sept économies occidentales les plus développées : les États-Unis, le

occidentaux) et qui tiendra à Ekaterinbourg (Russie) son premier sommet. Parmi les objectifs du sommet, il y a la refonte du « système monétaire international dominé par le dollar.[32]». En 2011, les BRIC sont élargis à l'Afrique du Sud. Des BRIC on passe alors aux BRICS, la lettre « S » désignant l'Afrique du Sud. Le deuxième élargissement des BRICS est intervenu lors de son 15e sommet tenu en Afrique du Sud, du 22 au 24 août 2023. On parle alors des BRICS Plus. Ainsi, avec l'adhésion de cinq autres pays, dont deux du continent africain (Égypte, Éthiopie, Iran, Arabie saoudite et Émirats arabes unis), on passe de cinq à dix membres. D'autres pays africains (le Nigéria, le Maroc, le Sénégal, le Soudan, la Tunisie, etc.) attendent leur tour pour se joindre au groupe. Du point de vue géopolitique, l'un des objectifs des BRICS Plus selon Christophe Ventura, vise à poursuivre « un processus de construction d'un espace international pouvant s'orienter vers deux projets futurs possibles en fonction de l'évolution des recompositions internationales et des rapports de forces. Le premier consiste à positionner les BRICS Plus comme un instrument de négociation visant à imposer une multipolarité répondant à leurs intérêts. Le second est de former, peu à peu, une alliance contre-hégémonique réunissant, autour de la Chine (et secondairement de la Russie), une coalition de pays récalcitrants face à la domination des États-Unis et d'autres puissances occidentales alignées sur les politiques de la première puissance mondiale.[33]».

Canada, l'Allemagne, le Japon, le Royaume-Uni, la France, et l'Italie. L'étude prévoyait également qu'à l'horizon 2050, la Chine serait la première puissance économique du monde devant les États-Unis.

[32] Les Échos, *Pour leur premier sommet, les BRIC veulent gagner en importance*, le 12 juin 2009.

[33] Christophe Ventura, *BRICS+ : vers un monde plus multipolaire*, Note d'actualité de l'Institut de Relations internationales et stratégiques (IRIS), décembre 2023.

Le dernier sommet des BRICS (le 16e) qui s'est tenu du 22 au 24 octobre 2024 à Kazan (Russie) a permis à ses membres d'adopter une Déclaration qui reflète la vision du Sud Global du monde. Les points forts de cette Déclaration [34]qui sont favorables au projet d'autonomie stratégique de l'Afrique portent, entre autres, sur la réforme du Conseil de sécurité des Nations Unies (ce qui permettra enfin à ce continent d'intégrer cet organe qui joue un rôle de tout premier plan en matière de paix et de sécurité internationales) ; la promotion de la multilatéralité (afin d'offrir à l'Afrique l'opportunité de tirer profit de la mondialisation) ; la protection de l'environnement sur la base du droit international, comme l'Accord de Paris sur le changement climatique ; la mise en avant des principes et valeurs relatifs à l'égalité souveraine entre les États, à la démocratie, et à la défense des droits humains ; le renforcement du droit international humanitaire en période de conflits armés ; et la pluralité des courants de pensées et d'opinions.

Si la montée en puissance des BRICS peut offrir à l'Afrique l'opportunité de faire avancer sur l'échiquier international, des thèmes (politiques, économiques et sécuritaires) qui sont au cœur de son autonomie stratégique, elle ne manquera pas, comme on le voit déjà, de transformer l'Afrique en une terre d'expression de rivalités entre les pays leaders des BRICS et les puissances occidentales.

Quelques exemples de ces rivalités :

- Lancement par l'Europe, en 2021, de sa stratégie dénommée « Global Gateway[35]» qui traduit son refus de se

---

[34] Guillaume Lancereau, Le Grand Continent, *Les 12 thèses de Kazan : rhétorique du nouvel ordre des BRICS*, le 26 octobre 2024.

[35] L'objectif de cette stratégie est de développer des liens *intelligents, propres et sûrs dans les domaines du numérique, de l'énergie et des transports, et le renforcement des systèmes de santé, d'éducation et de*

retrouver à la remorque de la Chine en matière d'initiatives économiques en Afrique ;

- Pression américaine sur le nouvel homme fort du Gabon (le général Brice Oligui Nguema) pour empêcher la Chine d'installer dans ce pays une base navale[36];

- Division des États africains lors du vote, le 2 mars 2022, de la résolution de l'Assemblée générale des Nations Unies condamnant l'agression de l'Ukraine par la Russie[37];

---

recherche dans le monde entier. Pour réaliser cet objectif, il est prévu de mobiliser, entre 2021 et 2027, la somme de 300 milliards d'Euros et de l'investir selon les six principes suivants qui reflètent les valeurs de l'Europe : valeurs démocratiques et normes élevées ; bonne gouvernance et transparence ; partenariats d'égal à égal ; infrastructures vertes et propres ; approche axée sur la sécurité ; catalyser le secteur privé. La moitié du montant à mobiliser (soit 150 milliards) devrait être investie en Afrique dans les six prochaines années. C'est du moins ce qui ressort de la visite de la présidente de la Commission de l'Union européenne (UE), Ursula von der Leyen, les 9 et 10 février 2022 à Dakar (Sénégal). Source : Ristel Tchounand, La Tribune Afrique, *Global Gateway : l'offensive européenne de 150 milliards d'euros en Afrique*, le 11 février 2022.

[36] Si le Gabon, écrit le journal Gabon review, venait à accepter l'installation d'une base navale chinoise sur son sol gabonais, *il ouvrirait ainsi l'atlantique nord aux navires militaires chinois. Une perspective qui inquiète particulièrement Washington, qui était déjà parvenu à dissuader la Guinée Équatoriale d'accepter la même proposition de la Chine avant que celle-ci soit faite au Gabon.* Source : Griffin Ondo Nzuey, Gabon review, *Oligui Nguema à l'Élysée : la future base navale chinoise au menu des négociations,* le 28 mai 2024.

[37] Parmi les cinq pays qui ont voté contre la résolution, il y avait un pays africain, l'Érythrée. Si plus de 25 pays africains avaient voté en faveur de la résolution, une quinzaine ont voté contre, sans oublier que huit autres pays n'avaient pas participé au vote. La physionomie du vote africain laisse apparaitre une grande disparité de vues entre les États sur le conflit russo-ukrainien.

- En matière de défense et de sécurité dans les anciennes colonies françaises en Afrique, départ des soldats français au profil, par exemple des paramilitaires russes[38].

Face à ces rivalités, les États africains régissent différemment. Certains s'alignent sur les positions de l'un des blocs en présence (occidental et non occidental), tandis que d'autres choisissent le multi alignement. Dans l'un ou l'autre cas, le positionnement des uns et des autres s'explique plus par leur souci de se pérenniser au pouvoir que par le désir de faire valoir les intérêts stratégiques de leurs nations.

2. Dépendance excessive de l'aide étrangère

L'Afrique est un continent de contraste. Il dispose d'importantes richesses et affiche en même temps un incroyable niveau de pauvreté. Le Nigérian Akinwumi Ayodeji Adesina, président de la Banque africaine de développement (BAD), déclarait le 28 novembre 2023 à Lagos (Nigeria), à l'occasion de l'anniversaire du quotidien nigérian The Guardian, célébré sous le thème : « Pour que le monde respecte l'Afrique », que « l'Afrique n'a aucune excuse d'être pauvre[39]. ». Elle est « dotée de ressources naturelles évaluées à 6 500 milliards de dollars, de 65 % des terres arables non cultivées de la planète et d'une population jeune et dynamique. » Comparant le Nigeria à d'autres pays du Moyen-Orient, il explique que « l'Arabie Saoudite possède du pétrole, tout comme le Nigéria. Le

[38] Formant en septembre 2023 l'Alliance des États du Sahel (AES), le Niger, le Mali et le Burkina Faso, tous dirigés par des régimes militaires, ont tous rompu avec fracas, leurs relations diplomatiques et militaires avec la France. Ils ont aussi fait appel aux paramilitaires russes du groupe Wagner pour lutter contre le terrorisme.

[39] BAD, *L'Afrique riche en ressources naturelles, n'a aucune excuse pour rester pauvre,* le 29 novembre 2023.

Koweït possède du pétrole, tout comme le Nigéria. Le Qatar possède du gaz en abondance, tout comme le Nigéria et d'autres pays. Pourtant, le Nigéria est le pays dont la proportion de la population vivant sous le seuil d'extrême pauvreté en 2023 est la plus importante d'Afrique. ». Pour changer cette situation, Adesina estime que « nos gouvernements doivent prendre conscience de leur responsabilité de sortir les populations de la pauvreté et de leur permettre de s'enrichir le plus rapidement possible. C'est faisable. ». Sa conclusion rejoint en quelque sorte les propos du député sénégalais, Guy Marius Sagna, selon lesquels l'Afrique n'est pas pauvre, mais elle est appauvrie par ses dirigeants.

Malgré ces richesses, les différents rapports du Programme des Nations Unies pour le Développement (PNUD) montrent que ce sont les pays africains qui affichent en général les scores les plus faibles en matière de développement humain[40]. Aussi, selon la Banque mondiale, « en 1990, 14% des personnes vulnérables dans le monde vivaient en Afrique, en 2019, 57% d'entre elles dans le monde vivaient en Afrique subsaharienne.[41] ». La Banque précise en outre qu'« en Afrique subsaharienne, la pauvreté se concentre de plus en plus dans les États fragiles et affectés par les conflits (EFC). En 2019, 50% des pauvres

---

[40] Depuis 1990, le PNUD a mis en place un Indice de Développement Humain (IDH) qui permet, selon Achim Steiner, administrateur du PNUD, *de mesurer le progrès humain en rassemblant sous une seule variable des informations relatives à la santé, à l'éducation et aux revenus de la population.* Source : PNUD, *Indices et indicateurs de développement humain, 2018, mise à jour statistique*. Pour les données plus récentes, voir le rapport du PNUD sur le développement humain (2023-2024) intitulé *sortir de l'impasse, repenser la coopération dans un monde polarisé.*

[41] Banque mondiale : Johan A. Mistiaen et Haoyu Wu, *Accélérerez la réduction de la pauvreté en Afrique subsaharienne passe par la stabilité*, le 5 mars 2024.

vivaient dans les EFC. En 2030, on estime que les deux tiers des pauvres à l'échelle mondiale vivront dans des EFC. ».

Bref, la pauvreté de l'Afrique l'installe dans un lien de dépendance chronique vis-à-vis de l'aide extérieure. Une aide qui a souvent des effets pervers[42]. Ce qu'il faut redouter par-dessus tout dans cette situation, c'est la fulgurante croissance démographique enregistrée particulièrement en Afrique subsaharienne. Selon les données du Fonds des Nations Unies pour la population (UNFPA), dans cette région, la population devrait doubler entre 2020 et 2050 (deux milliards d'individus d'ici fin 2040). D'ici la fin des années 2060, l'Afrique subsaharienne devrait devenir la région la plus peuplée du monde. Elle comptera 3, 44 milliards d'habitants d'ici 2100[43]. Mais, comme relevé dans une Note d'information présentée dans les années 1990 par l'OUA et la CEA, « le problème de la population n'est pas uniquement une question de chiffres, c'est aussi une question de bien-être humain et de développement.[44]». Toute la question est alors

---

[42] Dans son article consacré sur *La dépendance vis-à-vis de l'aide en Afrique subsaharienne : éléments d'économie politique,* Alice Sindzingre, du Centre national de la recherche scientifique (Paris), écrit que l'aide *(...) peut manifester également une présence massive en termes qualitatifs et institutionnels, une pénétration des fonctions constitutives des prérogatives publiques, du cœur des États, des fonctions de souveraineté, des administrations financières (douanes, impôts), de l'appareil statistique, de la justice, de la fonction publique, du système bancaire. Elle induit une diminution des incitations à une saine gestion autonome. Elle envahit et absorbe des services aux capacités limitées, et peut aboutir à la désorganisation du fonctionnement des administrations et à des conflits internes issus de la multiplicité et des incohérences (par exemple salariales) des donateurs, qui vont à l'inverse de l'objectif affiché de renforcement des capacités et minent les possibles effets d'apprentissage (...).* Source : *Horizon Institut de recherche pour le développement (IRD),* 2000, p. 60.

[43] UNFPA, *8 milliards Ensemble.*

[44] UNFPA, *Population et développement en Afrique,* 1994.

de savoir si l'Afrique sera en mesure d'offrir à sa population le bien-être qu'elle mérite dans les décennies à venir. L'explosion démographique en Afrique est en définitive une arme à double tranchant. Accompagnée de développement socio-économique, cette population sera une chance pour l'Afrique. Dans le cas contraire, elle sera une bombe à retardement aussi bien pour l'Afrique que pour le monde.

3. Délocalisation en Afrique des rivalités entre puissances

Ce sont généralement les pays les plus instables du continent (Soudan, Libye, Mali, RDC, etc.) qui voient leur territoire se transformer en un vrai champ de bataille entre les puissances extérieures rivales. En juillet dernier, par exemple, le conflit russo-ukrainien s'est délocalisé au Mali. Le 30 juillet 2024, Andriy Yusov, porte-parole du service de renseignement militaire de Kiev, déclarait à la télévision ukrainienne que « Le fait que les rebelles aient reçu les données nécessaires qui leur ont permis de mener à bien une opération contre les criminels de guerre russes a déjà été observé par le monde entier. ». Il s'agit d'informations fournies par l'Ukraine aux séparatistes du nord du Mali qui ont permis à ceux-ci d'infliger, le 27 juillet 2024, à Tinzaouten, d'énormes pertes en vies humaines, aux soldats maliens et aux combattants russes de l'Africa Corps (ancien Wagner), venus apporter leur soutien à la junte au pouvoir à Bamako. Accusant l'Ukraine de soutien au terrorisme international, le Mali, en réaction, a rompu le 4 août 2024 ses relations diplomatiques avec l'Ukraine. Le Niger fera la même chose en solidarité avec le Mali. Le 5 août de la même, la Commission de la CEDEAO, dans un communiqué, exprimera sa totale désapprobation et condamnation de toute ingérence étrangère en Afrique de l'Ouest ainsi que de toute tentative visant à entraîner la région dans les affrontements géopolitiques en cours. Aussi, le Sénégal, non content de la diffusion par l'ambassadeur de l'Ukraine au Sénégal sur sa page Facebook de la vidéo d'Andriy Yusov faisant état de l'implication de son pays dans l'attaque de Tinzaouten dans le nord du Mali, déclarait dans un communiqué de son ministère des affaires étrangères qu'il « (…) ne peut tolérer une quelconque tentative de transférer sur son territoire la propagande médiatique en cours dans ce conflit. ». En Afrique, les États et les organisations régionales se dressent contre le retour des vieux démons de la guerre froide.

4. Montée en puissance de l'extrême droite en Occident

Sur le plan politique, les dernières décennies sont caractérisées, en Europe et aux USA, par une présence marquée des partis populistes dans le débat public[45]. Autrefois rejetés, ces partis se sont transformés, sans pour autant perdre leur substance, pour être plus présentables. Comme le souligne Laura Chergui, « l'extrême droite a réussi son entreprise de rédiabolisation et de normalisation jusqu'à faire sauter le cordon sanitaire autrefois de rigueur[46]. ». Aujourd'hui, ils sont aux commandes dans certains pays : Pays-Bas, juillet 2024 avec Dick Schoof ; Italie, octobre 2022 avec Giorgia Meloni ; Hongrie, depuis 2010 avec Viktor Orbán ; Pologne, où le parti ultraconservateur a perdu le pouvoir en octobre 2023. Dans d'autres pays (Finlande et Slovaquie), l'extrême droite

[45] Dans l'émission L'heure de vérité, l'homme d'État français, Laurent Fabius, déclarait en 1984, *L'extrême, ce sont de fausses réponses à de vraies questions.*
[46] Taurillon, *Montée de l'extrême droite en Europe : le ventre est encore fécond,* le 20 juin 2024.

participe aux coalitions gouvernementales. En Suède, elle apporte son soutien au gouvernement sans y participer[47]. Aussi, en France, sans participer au gouvernement, son soutien, compte tenu de son poids à l'Assemblée nationale, est nécessaire pour la survie de celui-ci. Aux USA, superpuissance mondiale, le retour triomphal à la Maison-Blanche par la voie des urnes, le 5 novembre 2024, du président Donald Trump avec son slogan « America First », peut être considéré comme une énorme victoire des idées radicales qu'il incarne, mais aussi comme un motif supplémentaire de mobilisation des extrêmes droites européennes autour de leurs thèmes de prédilection.

Aux USA et ailleurs en Europe, le discours porté par les partis d'extrême droite a quasiment la même tonalité. Il s'agit d'un discours, plus ou moins violent, exprimant « à des degrés divers et selon les cas la dénonciation de la décadence actuelle en parallèle avec la nostalgie d'un âge d'or, l'apologie des sociétés élitaires et de la force virile, la peur du métissage, la censure des mœurs, notamment sexuelles (homosexualité) et le rejet des intellectuels.[48] ». Dans sa tentative de cerner l'«objet » de l'extrême droite, Anne Quinchon-Caudal, distingue cinq traits saillants de cette idéologie qui se recoupent en partie[49]. Le premier est la remise en cause, voire la négation, du principe de l'égalité de nature entre les Hommes ; le deuxième est une conception essentialiste ou fixiste du peuple et de son identité culturelle prétendument unique ; le troisième est l'existence d'une opposition fondamentale entre un « nous » et un « eux » ; le quatrième est le besoin d'un homme ou d'un État (quasi) dictatorial pour faire face aux

---

[47] Boran Tobolem, *Quels sont les pays d'Europe gouvernés par l'extrême droite*, revue Toute l'Europe, le 17 novembre 2024.

[48] Le Monde diplomatique, *Extrême droite.*

[49] Quinchon-Caudal, *Où commence « l'extrême » ?* Revue Matériaux pour l'histoire de notre temps, N° (139-142), 2021.

menaces internes et externes ; enfin, le cinquième est la mise en place d'un nouvel ordre reposant sur un double protectionnisme : économique et culturel.

Si ces traits sont communs aux partis d'extrême droite, il convient toutefois de reconnaitre qu'il existe entre ces partis quelques nuances, voire même des différences. Anne Quinchon-Caudal estime à cet égard que « les extrêmes droites ne parlent pas toutes le même langage et peuvent même parfois défendre des positions contraires. Il convient donc de considérer aussi ses formes organisationnelles, la sociologie de ses adhérents et de ses électeurs, les ressorts psychologiques qui les animent, etc. ».

Dans l'ensemble, en Europe et aux USA (en particulier avec Donald Trump), ces formations politiques incarnent une idéologie qui montre très peu d'intérêt pour l'Afrique, sinon que du mépris[50]. Ils considèrent l'Afrique comme un continent quasiment condamné à l'immobilisme, qui « n'est pas assez rentré dans l'histoire[51] » et qui déverse sa jeunesse

---

[50] Au cours de son premier mandat, plusieurs médias ont accusé Donald Trump d'avoir qualifié les nations africaines et d'Haïti de *pays de merde*. Source TV5 Monde, le 12 janvier 2018.

[51] Dans son discours de Dakar (Sénégal), prononcé le 26 juillet 2007, le président français d'alors, Nicolas Sarkozy, qui n'est pas de l'extrême droite, mais aime flirter avec les thèses de cette formation politique lançait, dans une méconnaissance ou négation remarquable de l'histoire du continent africain, les contre-vérités suivantes : *Le drame de l'Afrique, c'est que l'homme africain n'est pas assez entré dans l'histoire. Le paysan africain, qui depuis des millénaires, vit avec les saisons, dont l'idéal de vie est d'être en harmonie avec la nature, ne connaît que l'éternel recommencement du temps rythmé par la répétition sans fin des mêmes gestes et des mêmes paroles. Dans cet imaginaire où tout recommence toujours, il n'y a de place ni pour l'aventure humaine ni pour l'idée de progrès. Dans cet univers où la nature commande tout, l'homme échappe à l'angoisse de l'histoire qui tenaille l'homme moderne, mais l'homme reste immobile au milieu d'un ordre immuable où tout semble être écrit d'avance. Jamais l'homme ne s'élance vers l'avenir. Jamais il ne lui vient à l'idée de sortir de la répétition pour s'inventer un destin.* Source : Le Monde, *Le discours de*

dans leurs pays respectifs. Ils jugent les migrants africains porteurs de cultures et de traditions (mode de vie et religion surtout musulmane) incompatibles avec les leurs. Selon le discours des leaders des partis d'extrême droite, le nombre croissant de migrants africains, outre le fardeau qu'il constitue sur le système de santé et de sécurité sociale, risque, à terme, de modifier la démographie des pays occidentaux[52]. La peur du « migrant africain » est donc à

Dakar de Nicolas Sarkozy, le 9 novembre 2007. Notable acteur de la déstabilisation du continent africain, lorsqu'il était président, à travers l'opération franco-britannique menée en 2011 contre le régime du guide libyen, Mouammar Kadhafi, Sarkozy est poursuivi par la justice de son propre pays dans un dossier en lien avec Kadhafi. Selon le journal Libération (édition du 5 janvier 2025), *il est soupçonné d'avoir bénéficié de l'argent du clan Kadhafi via différents intermédiaires lors de sa campagne présidentielle de 2007*. Nul ne conteste, aujourd'hui, que cette opération menée en dépassement de la résolution 1973 du Conseil de sécurité des Nations Unies, est la cause de l'effondrement de l'État en Libye et de l'insécurité qui règne depuis 2011 dans la région du Sahel.

[52] La fausse perception de cette substitution trouve sa traduction dans la théorie complotiste du *grand remplacement,* développée dans les années 2010 par Renaud Camus, fervent militant d'extrême droite. Selon Camus, *L'expression de grand remplacement désigne, certes, essentiellement, le remplacement d'un peuple, le peuple français indigène, par un ou plusieurs autres ; celui de sa culture par la déculturation multiculturaliste ; celui de sa civilisation si brillante et admirée par la décivilisation pluriethnique (le village global), elle-même en rivalité âpre avec l'intégrisme musulman, la conquête et la conversion islamique*. Le concept est aussi porté, par exemple, par Éric Zemmour (lui-même d'origine étrangère) candidat malheureux à l'élection présidentielle française de 2022. Le candidat du parti Reconquête s'est notamment appuyé *« sur l'exemple du football pour tenter de prouver la pseudo-transformation démographique de la France.* La *couleur de peau* [des joueurs de l'équipe de France] *n'était pas le sujet disait-il. Elle l'est seulement devenue parce qu'elle symbolise les bouleversements de la population française. Le nombre, le nombre, le nombre.* Source : Marc-Olivier Bherer, le Monde, *Le grand remplacement, généalogie d'un complotisme caméléon*, le 25 août 2022.

l'origine de nombreux discours racistes et xénophobes proférés par les leaders populistes de à l'endroit des migrants africains.

Au regard des idées fondatrices des partis populistes, telles que rappelées ici, on est en droit de se demander si leur arrivée au pouvoir constitue une menace ou une opportunité pour le processus de construction par l'Afrique de son autonomie stratégique ? La question a tout son mérite, compte tenu, de multiples liens qui unissent, depuis des lustres, l'Afrique aux puissances occidentales et de l'impact de tout positionnement de ces puissances sur l'Afrique, continent fragile.

En effet, d'un côté, l'arrivée de l'extrême droite au pouvoir peut constituer une menace pour le processus de construction par l'Afrique de son autonomie stratégique. Le retour de Donald Trump le prouve éloquemment. Dès après son investiture, le 20 janvier 2025, comme le 47e président des USA, l'ultraconservateur, Donald Trump, s'est mis à signer différents décrets pour tenir ses promesses électorales. Certains décrets fragilisent l'Afrique, notamment, dans les domaines économique, environnemental et sanitaire.

Sur le plan économique, il s'agit en particulier :

- du décret relatif à l'expulsion des USA des migrants africains qui y vivent en situation irrégulière. La mise en œuvre effective de ce décret risque de jeter de nombreuses familles africaines dans la pauvreté[53]. Ces familles vivent

[53] Les ressortissants de plus de dix pays africains sont concernés par ces mesures d'expulsion sans précédent. Avec 4 090 migrants à expulser, la Somalie est le pays le plus touché. Viennent ensuite la Mauritanie (3 822), le Nigeria (3 690). Le Ghana (3 228), la Guinée (1 897), le Cameroun (1 736), l'Éthiopie (1 713), le Sénégal (1 689), le Libéria (1 563) et l'Égypte (1 461). La Côte d'Ivoire, le Kenya et d'autres pays africains sont également concernés. Source : Cochimau Houngbadji, Afrique sur 7 CI, *États-Unis : Classement des pays africains selon le nombre de migrants expulsables*, le 29 janvier 2025.

en grande partie des transferts de fonds réalisés par leurs proches qui travaillent aux USA[54]. Les États-Unis, convient-il de le souligner, restent la principale source d'envois de fonds des migrants[55].

- du décret relatif à la suspension du versement de l'aide étrangère américaine. Ce décret gèle pour 90 jours[56], l'aide étrangère américaine, le temps d'évaluer son efficacité et sa cohérence avec la politique extérieure de ce pays. En Afrique, cette suspension risque de compromettre le bon fonctionnement de certains programmes financés en grande partie par les USA, notamment dans les domaines de la santé, de la sécurité, de l'environnement, de l'assistance humanitaire.
- de la promesse électorale de mettre en place « un droit de douane universel de 10 % sur tous les produits fabriqués à l'étranger.[57] ». La matérialisation de cette promesse affectera certains pays africains, comme l'Afrique du Sud, qui exportent vers les USA. De manière générale, ces droits mettront aussi en danger les facilités

---

[54] Selon une étude de la Banque Mondiale citée par le Fonds international des Nations Unies pour le développement agricole (FIDA), *Les envois de fonds de la diaspora africaine se sont élevés à 90 milliards d'USD en 2023, montant équivalent à l'aide publique au développement (APD) et deux fois supérieur aux investissements directs étrangers destinés au continent.* Source : FIDA, *Les fonds envoyés par des proches vivant à l'étranger sont essentiels aux familles d'Afrique subsaharienne face aux changements climatiques,* le 4 décembre 2024.
[55] Banque Mondiale : *La croissance des envois de fonds des migrants se poursuit, mais ralentit en 2023,* le 18 décembre 2023.
[56] Passé ce délai, de nouveaux paiements sont possibles *si un examen est effectué et si le secrétaire d'État ou son représentant, en consultation avec le directeur du bureau de la gestion et du budget, décide de poursuivre le programme sous la même forme ou sous une forme modifiée.* Il n'est donc pas acquis que les financements gardent leur rythme d'avant.
[57] Wedaeli Chibelushi, BBC, *Commerce, aide, sécurité : Que signifie la victoire de Trump pour l'Afrique ?* le 7 novembre 2024.

prévues dans la Loi sur la croissance et les opportunités économiques en Afrique (AGOA) en anglais, mis en place en 2000 sous la présidence de Bill Clinton. Selon le gouvernement américain, cette Loi « a aboli les droits d'importation aux États-Unis sur des milliers de produits fabriqués dans les pays d'Afrique subsaharienne. ». Toutefois, le programme mis en place par l'AGO expire en 2025. Toute la question est de savoir si Donald Trump sera favorable à son renouvellement. La Chose dont on peut être certain, « l'AGOA sous la nouvelle administration Trump pourrait connaître des transformations significatives. Les pays africains devraient se préparer à une probable révision des critères d'éligibilité, un accent accru sur la réciprocité commerciale et des exigences renforcées en matière de gouvernance.[58] ».

Dans le domaine environnemental, il s'agit principalement du décret portant retrait de son pays de l'Accord de Paris sur le climat, adopté le 12 décembre 2015. Déjà notifié à l'ONU, ce retrait sera effectif le 26 janvier 2026. C'est la deuxième fois que les USA, deuxième pollueur du monde après la Chine, se retirent de cet Accord, qui pourtant vise à contenir « l'élévation de la température moyenne de la planète nettement en dessous de 2 °C par rapport aux niveaux préindustriels » et à poursuivre « l'action menée pour limiter l'élévation de la température à 1,5 °C par rapport aux niveaux préindustriels, étant entendu que cela réduirait sensiblement les risques et les effets des changements climatiques. ». Le premier retrait avait eu lieu le 4 août 2017 sous la présidence de Donald Trump. L'abandon de l'Accord de Paris n'est pas sans conséquences pour l'Afrique. Selon Moctar Fico, « l'absence de leadership des États-Unis pourrait affaiblir les dynamiques internationales autour du financement

---

[58] L'Afrique Aujourd'hui (Journal), *Avec le retour de Donald Trump l'AGOA continuera-telle- d'exister ?* le 15 novembre 2024.

climatique, entraînant une réduction des investissements dans les énergies renouvelables, alors même que l'Afrique possède un potentiel exceptionnel dans des domaines comme le solaire et l'éolien. Cette situation pourrait également ralentir les projets d'adaptation, notamment dans les secteurs agricoles et de la gestion de l'eau, et augmenter les risques de surendettement pour les États africains qui devront se tourner vers d'autres sources de financement, souvent plus coûteuses[59]. ».

Enfin, le retrait des USA de l'Organisation mondiale de la santé (OMS) aura de graves conséquences sur la santé publique mondiale. Il affectera significativement les efforts consentis par l'OMS en Afrique dans le cadre de la lutte contre certaines maladies : Mpox, Ebola, certaines variantes de la Covid 19, virus Marburg, VIH/SIDA, etc.). De manière générale, « les pays à faibles revenus, comme ceux du continent africain, pourraient souffrir de l'accès aux médicaments et aux services de santé essentiels.[60] ». Les USA sont, de loin, les premiers contributeurs de l'OMS. En 2022-2023, le niveau de leur contribution était de 1 284 millions de dollars. Après eux, vient l'Allemagne, avec une contribution de 856 millions de dollars pour la même période.

Ultraconservateur et climatosceptique, Donald Trump, par ses différents décrets, entend clairement se désengager de l'Afrique et laisser les Africains s'occuper de leurs propres affaires. Sa seule obsession reste son pays, les USA. Si cette orientation risque de constituer une contrainte majeure au processus d'autonomie stratégique de l'Afrique telle qu'ambitionnée par l'Agenda 2063 de l'UA, elle peut

---

[59] VivAfrik, *Climat : quel avenir pour l'Afrique après le retrait des États-Unis de l'Accord de Paris ? adaptation et stratégies pour sécuriser le financement climatique*, le 24 janvier 2025.

[60] Isidore Kouwonou, BBC Afrique, *Comment le retrait des États-Unis de l'OMS pourrait-il affecter l'Afrique ?* le 25 janvier 2025.

aussi, paradoxalement, être regardée comme une bonne nouvelle pour l'Afrique, une piqûre de rappel des africains sur leurs propres responsabilités. Les USA, l'occident en général, ne sauraient en effet être la terre d'accueil de la misère africaine, surtout si les pays africains se montrent de plus en plus jaloux de leur souveraineté. On ne peut vouloir son indépendance et se maintenir indéfiniment dans une posture de dépendance. Il est temps pour l'Afrique de faire son choix, une fois pour toutes. Ce n'est pas à l'occident de mettre l'Afrique à l'abri des besoins, c'est à l'Afrique de le faire, elle en a le potentiel, qui ne demande qu'à être exploité, rationnellement et intelligemment.

En tout état de cause, la posture des partis d'extrême droite vis-à-vis de l'Afrique peut être à l'origine d'importantes évolutions, tant au niveau continental qu'au niveau international. Au niveau continental, le désengagement de l'occident (sous la conduite des partis radicaux) du continent africain et la focalisation de l'attention de ces partis sur les questions nationales peuvent, d'une part, inciter les responsables africains à davantage prendre conscience de leurs propres responsabilités au regard des préoccupations de leur continent, et d'autre part, accélérer la mise en place des différents piliers de l'autonomie stratégique africaine, conformément au programme de l'Agenda 2063 de l'UA. En effet, le sentiment d'abandon peut générer son contraire, un sentiment de responsabilité. Sur le plan international, cette posture peut également pousser l'Afrique à mieux assurer son ancrage dans le Sud Global. Autrement, l'arrivée des partis d'extrême droite au pouvoir en Occident risque de renforcer l'alliance entre l'Afrique et les puissances des BRICS.

Au final, l'Afrique a tout intérêt à garder une posture pragmatique et non dogmatique face à l'alternance entre les partis traditionnels et les formations d'extrême droite dans les démocraties occidentales. En effet, de l'indépendance à nos jours, les partis traditionnels occidentaux ont souvent scellé avec les pouvoirs africains des alliances qui ont été très peu bénéfiques aux Africains. L'aide au développement, par exemple, a plus contribué à enrichir les classes dirigeantes africaines qu'à accroitre leurs responsabilités vis-à-vis de leurs populations. Il en est résulté un sentiment de déception dans les populations africaines et un sentiment de lassitude chez les contribuables occidentaux. En Afrique francophone surtout, de nombreux évènements mettent en évidence la volonté de la jeunesse africaine de sortir leur pays de certaines formes d'alliance avec les partis traditionnels occidentaux. On pense, ici, en particulier à la Françafrique. Avec la montée en puissance des partis d'extrême droite en occident, l'Afrique devrait apprendre à s'adapter à un nouveau contexte et se résoudre, elle n'aura pas le choix, à développer une coopération réciproquement bénéfique avec les pays dirigés par ces partis. Des sujets de coopération ne manqueront pas à cet égard : il y a, par exemple, le respect de la souveraineté de chaque entité nationale[61], la liberté de chaque entité nationale de diversifier, comme elle l'entend,

---

[61] À Ndjamena (Tchad), Marine Le Pen, principale figure de l'extrême droite française, déclarait en mars 2017 dans un discours adressé à tous les africains, que le patriotisme du Président Deby et son *aspiration à une totale souveraineté du Tchad et du peuple tchadien n'ont d'égaux que mon patriotisme et mon aspiration à une totale souveraineté de la France et du peuple français. À ce titre, nous parlons incontestablement la même langue*. On peut donc déduire que ce terrain est propice à la liquidation des résidus du colonialisme (bases militaires et zones monétaires sous tutelle des anciennes puissances coloniales) dans le continent africain. Toutefois, pour les dirigeants de ce continent, la souveraineté devrait être un moyen d'accomplissement des aspirations de leurs populations et non un moyen d'anéantissement ou de régression de l'idéal démocratique.

son partenariat à l'international[62], la non-imposition d'un modèle familial étranger aux traditions africaines[63] et la promotion d'une forme de coopération débarrassée de tout paternalisme.

---

[62] Elle permettra aux pays africains de ne plus être la chasse gardée des anciennes puissances coloniales et d'aller plus loin dans d'autres formes de partenariat.

[63] Selon Pierre Lepidi, *l'approche idéologique du nouveau président américain pourrait aussi convenir à de nombreux dirigeants africains irrités par la promotion des droits des personnes LGBTQ+ souvent abordée par les Occidentaux.* Source : Le Monde, *L'Afrique, très loin des priorités du président Donald Trump,* le 7 novembre 2024.

III. AUTONOMIE POLITIQUE

Après des siècles d'esclavage et de colonisation, le processus d'indépendance des territoires africains est amorcé dans les années 60. Parmi les territoires qui accèdent à l'indépendance, à cette époque, on peut citer le Mali, le Togo, la Gambie, la Côte d'Ivoire, le Sénégal, la Tanzanie, le Rwanda, le Cameroun, Madagascar, la Somalie, le Bénin, l'Algérie, la Centrafrique, le Nigeria, le Niger, le Tchad, le Gabon, la Somalie, la Mauritanie et le Kenya. Mais certains territoires sont déjà indépendants avant 1960 : le Libéria en 1847, l'Égypte en 1922, la Libye en 1951, le Soudan en 1956, le Ghana en 1957 et la Guinée en 1958. Les années 70, quant à elles, sont caractérisées par l'indépendance des pays comme la Guinée-Bissau, les Comores, le Cap vert, le Djibouti, les Seychelles, l'Angola et le Mozambique. En ce qui concerne le Sahara occidental (territoire situé entre le Maroc et la Mauritanie), sa souveraineté, depuis le départ des Espagnols en 1976, est encore âprement disputée entre le Maroc et la République arabe sahraouie démocratique (RASD)[64]. Dans les années 80-90, des pays comme la Namibie et le Zimbabwe accèdent, à leur tour, à l'indépendance. En se séparant de l'Éthiopie, l'Érythrée proclame son indépendance en 1993.

[64] Dans la région *Afrique,* le Sahara occidental est la seule entité retenue sur la Liste des territoires non autonomes de l'ONU. Le chapitre XI de la Charte des Nations Unies qualifie de territoires non autonomes, les *territoires dont les populations ne s'administrent pas encore complètement elles-mêmes.*

Le dernier État à naître en Afrique est le Soudan du Sud. Il s'est aussi détaché du Soudan pour avoir son indépendance en 2011. Au total, l'Union africaine (UA[65]) compte 55 États souverains.

Dans les années 60, les États nouvellement indépendants d'Afrique étaient bien conscients de la fragilité de leur indépendance, mais aussi de la nécessité d'œuvrer ensemble pour la libération totale du continent. Ils fondèrent ainsi en mai 1963 l'Organisation de l'unité africaine (OUA) sur la base d'un compromis[66] dans le but de renforcer l'unité et la solidarité des États africains, de défendre leur souveraineté, leur intégrité territoriale et leur indépendance, et d'éliminer, sous toutes ses formes, le colonialisme de l'Afrique[67]. Dans son bilan, on peut dire qu'en matière de décolonisation, l'OUA a remporté un important succès. Très tôt en 1963, lors de sa première session, elle a mis en place un Comité de coordination pour la libération de l'Afrique. Ayant son siège à Dar es Salam (Tanzanie), ce Comité, annuellement doté d'un budget de plus d'un million de dollars, a joué un important rôle dans

---

[65] Le 9 juillet 2002 à Durban (Afrique du Sud), l'Organisation de l'unité africaine créée le 23 mai 1963 à Addis-Abeba (Éthiopie) est officiellement remplacée par l'Union africaine

[66] Avant la création de l'OUA, les États africains nouvellement indépendants ne regardaient pas dans la même direction. Les maximalistes appartenant au groupe de Casablanca (Ghana, Guinée, Mali, Égypte, Algérie, Maroc et Libye) préconisaient la constitution d'u bloc plus uni et resserré, tandis que les minimalistes du groupe de Monrovia (Liberia, Côte d'Ivoire, Sénégal, Nigeria et Cameroun) proposaient une coopération technique entre États souverains. L'OUA est le résultat du compromis trouvé entre ces deux approches de l'intégration africaine. Elle est aussi le symbole de l'échec de l'approche maximaliste. La question de l'intégration africaine est toujours caractérisée par une certaine opposition entre ces deux approches.

[67] Charte de l'OUA, article 2.

la décolonisation de l'Afrique et dans l'élimination de l'apartheid en Afrique australe. Les mouvements de libération nationale en activité en Guinée-Bissau, en Angola, au Mozambique, au Zimbabwe, en Namibie et en Afrique du Sud, ont pu bénéficier de son aide. Dans la résolution[68] portant dissolution de ce Comité en 1994, la Conférence des chefs d'État et de gouvernement de l'OUA, s'est déclarée satisfaite du rôle joué par le Comité. Elle note que « sur vingt-deux pays qui ont accédé à l'indépendance après la création de l'organisation en mai 1963, onze pays ont acquis l'autodétermination et l'indépendance, grâce, entre autres, à l'assistance directe du Comité de libération. ».

Pour voir enfin émerger une Afrique forte et unie, en mesure de défendre ses intérêts face à des partenaires tentaculaires, et d'avoir son mot à dire dans la marche du monde, ses dirigeants doivent, en premier lieu, mettre fin à sa balkanisation et, en second lieu, approfondir ses projets d'intégration sur le plan politique.

1. En finir avec la balkanisation

La balkanisation de l'Afrique est une triste réalité qui plonge ses racines dans un passé lointain. Par ses effets, elle empêche encore aujourd'hui la réalisation de l'unité du continent sur le plan politique. Le plus grand acte de balkanisation de l'Afrique fut posé par la Conférence de Berlin. De novembre 1884 à février 1885, quatorze pays européens se sont réunis, sur invitation du Chancelier allemand Bismarck, à Berlin, pour régler entre eux, sans la

---

[68] Dissolution prononcée à Tunis au cours de la 30e session ordinaire de l'OUA, tenue du 13 au 15 juin 1994.

présence d'un seul Africain et, dans leurs intérêts exclusifs, les litiges relatifs aux conquêtes coloniales en Afrique. Trois grandes préoccupations sont abordées par les représentants des puissances européennes à cette Conférence : le statut des fleuves Congo et Niger, le régime d'occupation des territoires africains et le commerce dans le bassin du Congo. Adopté le 26 février 1885, l'Acte général de la Conférence de Berlin consacre dans son article premier la liberté de commerce de toutes les nations dans « tous les territoires constituant le bassin du Congo et ses affluents. ». En ce qui concerne le statut des fleuves Congo et Niger, les articles 13 et 26 de l'Acte général instituent, en faveur de ses signataires, une liberté totale de navigation. Enfin, les articles 34 et 35 de l'Acte général, déterminent les conditions que doivent remplir une puissance pour rendre effective une nouvelle possession territoriale sur les côtes du continent africain. L'article 34 dispose à cet effet que : « La Puissance qui, dorénavant, prendra possession d'un territoire sur les côtes du Continent africain situé en dehors de ses possessions actuelles, ou qui, n'en ayant pas eu jusque-là, viendrait à en acquérir, et de même la Puissance qui y assumera un protectorat, accompagnera l'acte respectif d'une notification adressée aux autres Puissances signataires du présent Acte, afin de les mettre à même de faire valoir, s'il y a lieu, leurs réclamations. ». Lorsqu'une occupation devient effective au regard de cet article, l'article 35 trouvera alors à s'appliquer dans le but d'assurer sur le territoire conquis une autorité suffisante de la puissance signataire de l'Acte général. En vertu dudit article, « Les Puissances signataires du présent Acte reconnaissent l'obligation d'assurer, dans les territoires occupés par elles, sur les côtes du continent africain, l'existence d'une autorité suffisante pour faire respecter les droits acquis et, le cas échéant, la liberté du commerce et du transit dans les conditions où elle serait stipulée. ». Si la

Conférence de Berlin n'a pas directement procédé au dépeçage de l'Afrique entre les puissances européennes, elle a néanmoins entériné l'occupation effective de certains territoires africains par les puissances coloniales et jeté les bases juridiques du futur partage de l'Afrique entre ces puissances. En balisant le chemin de la colonisation de l'Afrique, elle ouvrait une autre ère, celle de l'exploitation, de la spoliation et d'infériorisation de l'Afrique et du noir[69].

La colonisation ne s'est pas seulement limitée à balkaniser l'Afrique dans les intérêts politiques et économiques des puissances coloniales, elle a aussi semé les graines de division de l'Afrique indépendante. Ces divisions portent, entre autres, sur le tracé fantaisiste des frontières, la division linguistique, responsable de grandes différences de mentalité tant sur le plan politique, administratif et économique, entre les États de l'Afrique francophone, anglophone et lusophone. L'accession des

---

[69] Contrairement au préambule de l'Acte général de la conférence de Berlin, qui faisait référence à la nécessité de créer entre les puissances européennes les conditions de *la civilisation de certaines régions d'Afrique,* la colonisation à laquelle donnera lieu cette conférence, était plutôt la porte ouverte à une entreprise déshumanisante. S'interrogeant sur le rapport entre la colonisation et la civilisation, Aimé Césaire écrit : *(...) que de la colonisation à la civilisation, la distance est infinie ; que, de toutes les expéditions coloniales accumulées, de tous les statuts coloniaux élaborés, de toutes les circulaires ministérielles expédiées, on ne saurait réussir une seule valeur humaine (...).* Définissant la colonisation dans son essence, Aimé Césaire dit qu'elle n'était *ni évangélisation, ni entreprise philanthropique, ni volonté de reculer les frontières de l'ignorance, de la maladie, de la tyrannie, ni élargissement de Dieu, ni extension du Droit.* Il propose alors de l'admettre comme le geste décisif de *(...) l'aventurier et du pirate, de l'épicier en grand et de l'armateur, du chercheur d'or et du marchand, de l'appétit et de la force, avec, derrière, l'ombre portée, maléfique, d'une forme de civilisation qui, à un moment de son histoire, se constate obligée, de façon interne, d'étendre à l'échelle mondiale la concurrence de ses économies antagonistes (...).* Source : *Discours sur le colonialisme*, éd. Présence africaine, 1955, pp 55 et 66.

États africains à l'indépendance dans les années 60 n'a donc fait que visibiliser les divisions héritées du système colonial. À ces divisions, s'ajoutent, entre 1960 et 1990, d'autres sujets de discorde entre Africains, issus du positionnement des uns et des autres dans le contexte de la guerre froide. Ces discordes emporteront pour jamais, avec des complicités internes, quelques leaders charismatiques du panafricanisme, comme Patrice Lumumba et Thomas Sankara.

Né en juillet 1925 au Congo (alors colonie belge), Patrice Lumumba, héros de l'indépendance congolaise, développe très tôt des idées anticoloniales qui façonneront sa personnalité après sa rencontre à Accra (Ghana) en 1958, lors de la Conférence des peuples africains avec d'autres panafricanistes convaincus comme Kwame Nkrumah et Frantz Fanon. À la même année, il fonde le Mouvement national congolais (MNC), un parti révolutionnaire à vocation panafricaine, favorable à l'unité nationale du Congo, menacé d'implosion par la sécession de la province de Katanga conduite par Moïse Tshombé avec la bénédiction de la Belgique. Perçu comme une menace pour les intérêts des puissances occidentales, la Belgique en particulier, tout est alors mis en œuvre par ces puissances, en complicité avec certains leaders locaux pro-occidentaux (Moïse Tshombé et Joseph-Désiré Mobutu, qui dirigera après la disparition de Lumumba le Congo d'une main de fer pendant plusieurs décennies) pour l'éliminer physiquement. Ainsi, le 17 janvier 1961, Lumumba (Premier ministre congolais) est assassiné. Une mort tragique « qui est le fruit d'une déstabilisation orchestrée par plusieurs acteurs : les autorités belges, Congolaises et États-Uniennes via la CIA. ». Ce n'est qu'en juin 2022, 61 ans après son assassinat, que la Belgique a restitué au Congo la dépouille de Lumumba composée d'une seule dent. Son corps lui reste introuvable, car dissous dans l'acide.

L'assassinat de Thomas Sankara par ses proches, le 15 octobre 1987, est survenu dans le double contexte d'une importante divergence idéologique entre la France et le Burkina Faso et d'une profonde détérioration des relations entre Sankara et quelques figures emblématiques de la Françafrique dans la sous-région (Félix Houphouët-Boigny de la Côte d'Ivoire et Gnassingbé Eyadéma du Togo). Le capitaine Blaise Compaoré, qui s'empare du pouvoir, deviendra, pendant 27 ans, l'un des pivots de cette Françafrique en Afrique. Mais le nouvel homme fort du Burkina et ses complices seront désignés coupables de l'assassinat de Sankara par le tribunal militaire de Ouagadougou. Blaise fut condamné le 6 avril 2022 par contumace à la prison à perpétuité. Personnage charismatique, les idées de Sankara inspirent aujourd'hui un large pan de la jeunesse africaine.

D'autres leaders panafricains verront leurs relations et celles de leur pays connaitre une extrême détérioration avec l'ancienne puissance coloniale. Ce fut le cas du premier Président de la Guinée indépendante, Ahmed Sékou Touré,[70] et la France sous le général de Gaulle. Ce dernier fera payer à M. Touré son rejet spectaculaire de son projet de communauté franco-africaine proposé aux colonies françaises d'Afrique en septembre 1958.

Dans la période qui va de 1990 à 2000, le monde entier a quasiment basculé dans le camp occidental après la chute du mur de Berlin le 9 novembre 1989 et la dislocation de

---

[70] La Guinée sera victime en novembre 1970 d'une agression armée, d'où la décision du Conseil de sécurité de l'ONU d'y dépêcher une commission d'enquête. Source : Philippe Decraene (Le Monde), *L'ONU décide d'enquêter sur le raid de mercenaires dénoncé par M. Sékou Touré, un régime menacé depuis douze ans*, le 24 novembre 1970.

l'URSS le 25 décembre 1991. Les projets d'unification politique et économique en Afrique dans l'après-guerre froide devaient forcément trouver grâce aux yeux de l'occident pour prospérer. À part donc les projets de coopération technique, d'inspiration libérale, les projets panafricanistes ont très peu évolué, car jugés subversifs par les anciennes puissances coloniales et contraires à leurs intérêts. Enfin, depuis le début des années 2000, l'Afrique fait de nouveau, comme au temps de la guerre froide, face à la confrontation entre le bloc occidental mené par les USA et le bloc non occidental mené principalement par la Chine et la Russie. Aujourd'hui, l'Afrique fait les frais de ce duel à travers, par exemple, le risque l'implosion de la CEDEAO suite à son abandon par trois de ses membres fondateurs (le Niger, le Mali et le Burkina Faso).

En résumé, si la balkanisation de l'Afrique vient principalement d'acteurs extérieurs (puissances coloniales, guerre froide, rivalités russo-américaines et sino-américaines), il faut bien se rendre à l'évidence qu'elle est encore entretenue grâce à la collaboration active de certains acteurs africains qui y trouvent leurs intérêts[71]. Ainsi, un des grands défis de l'Afrique pour répondre à la deuxième aspiration de l'Agenda 2063 de l'Union africaine, à savoir l'avènement d' « un continent intégré; politiquement uni et

[71] La Françafrique est un bon exemple de cette collaboration. Ce néologisme créé par le premier président ivoirien, Félix Houphouët Boigny, fait référence à un réseau parallèle et officieux qui a vu le jour au temps du général de Gaulle, à travers la fameuse Cellule africaine de l'Élysée, tenue d'une main de fer par le redoutable Jacques Foccart. Composé de hautes personnalités politiques franco-africaines, mais aussi du monde des affaires, ce réseau permet à la France de conserver son influence politico-économique dans ses anciennes colonies d'Afrique, tout en protégeant les chefs d'État africains favorables à cette influence. Les relations du réseau sont tissées et gérées au sommet des États et échappent à tout contrôle démocratique. Les populations africaines, quant à elles, subissent les pratiques souvent néfastes du réseau. Quant aux citoyens français, ils en savent peu de choses.

fondé sur les idéaux du panafricanisme et la vision de la Renaissance de l'Afrique », consiste à barrer le chemin à cette balkanisation et à créer, faute de constitution d'une fédération ou confédération d'États[72], un haut niveau de coordination politique entre les États africains dans la prise des décisions stratégiques. Autrement, les États africains doivent être capables de construire entre eux, une stratégie concertée, harmonisée et pourquoi pas commune face aux partenaires extérieurs puissants et tentaculaires.

2. Approfondir l'intégration

L'idée d'une Afrique libre et unie trouve ses racines dans les grandes rencontres panafricaines (Conférence et Congrès) qui ont précédé la mise en place en 1963 de l'OUA. Il convient donc de revenir sur les points forts de ces rencontres et de leur impact sur la libération et l'unité du continent, avant d'évoquer les projets de relance de l'unité politique africaine et les défis qui y sont associés.

2.1 Rencontres panafricaines

De 1900, date de tenue de l'unique conférence panafricaine à Londres, à 1945, date de tenue du cinquième congrès panafricain à Manchester, les élites noires du monde ont réussi, malgré quelques divergences, à poser la question de la liberté et de l'unité des peuples noirs sur la scène internationale. Grâce à cette audace, l'Afrique a pu faire son chemin vers la liberté et l'unité de ses nouveaux États. Si le panafricanisme a joué un rôle clef dans la mise en place de l'OUA, force est de constater qu'il a par la suite perdu de sa force de mobilisation, comme le démontrent les

[72] Il s'agit là d'un des objectifs de la deuxième aspiration de l'Agenda 2063 de l'Union africaine.

6e, 7e et 8e congrès panafricains tenus en Afrique. Pour se faire une certaine idée de la force de mobilisation du panafricanisme, il conviendrait de comparer son évolution de 1900 à 1945 et de 1974 à 2015.

2.1.1. De 1900 à 1945

Cette période a enregistré la tenue d'une seule conférence à Londres et de cinq congrès dans différentes villes occidentales.

Conférence panafricaine de Londres, 1900

Elle est organisée par Henry Sylvester-Williams (1869-1911), avocat noir originaire de Trinidad et inscrit au barreau de Londres. Formé aux USA et au Royaume-Uni, il est le fondateur, en 1897 à Londres, de la fondation « African Association » qui vise à combattre l'oppression économique, sociale et politique des Africains assujettis à l'Empire britannique[73]. C'est dans le cadre des activités de cette fondation qu'il organise à Londres, du 23 au 25 juillet 1900, la première Conférence panafricaine à laquelle prendront part 37 délégués venus des Caraïbes et des USA. La conférence connaitra également la présence de certains Africains vivant à Londres. C'est au cours de la préparation de cette conférence qu'il utilisât pour la première fois le mot « Panafricanisme ». À cette époque, la situation des noirs était déplorable dans le monde. Les noirs étaient toujours des citoyens de seconde classe en Amérique, malgré l'abolition de l'esclavage. En Europe, la colonisation faisait d'eux des êtres inférieurs au service de leurs maîtres blancs. L'époque était aussi marquée par l'engagement d'une certaine élite noire en faveur de l'amélioration des droits de

---

[73] Maëlle Gélin (Maitron), *La première conférence panafricaine,* le 22 novembre 2023.

la diaspora noire et des Africains. Pour Benito Sylvain, fondateur du journal « La Fraternité [74] », organe de défense des intérêts « d'Haïti et de la Race noire [75] », la conférence de Londres devait examiner la situation des noirs partout dans le monde, protester solennellement contre les injustices dont ils sont victimes et créer une direction centrale destinée à coordonner les efforts des uns et des autres pour la sauvegarde des intérêts des noirs dans le monde. La conférence de Londres recommandera alors, sous la plume avertie de Benito Sylvain, les mesures suivantes :

- Un engagement ferme des nations noires indépendantes (Éthiopie, Liberia et Haïti) en faveur des peuples noirs colonisés, et ;
- Un appel demandant aux puissances occidentales de mettre fin à l'intenable situation des noirs dans le monde, en vue de rendre possible l'avènement d'un monde juste et

---

[74] Mathieu N'Diaye (Nofi media), *Rapport de Benito Sylvain sur la première conférence panafricaine de Londres, en 1900,* 16 avril 2018.

[75] Les abus du pouvoir colonial prennent tout de suite leur place dans le premier numéro du journal *La Fraternité,* à travers les premiers incidents de Porto-Novo et les événements de Dahomey. Dans son éditorial de 28 août 1890, Benito Sylvain écrit que *la politique coloniale de l'heure présente semble vouloir malheureusement aller à l'encontre du vœu émis par Victor Hugo, à l'un des derniers banquets de l'ancienne société antiesclavagiste pour la civilisation pacifique du continent mystérieux.* Prenant en main la cause de la race noire tout entière, Sylvain reste persuadé qu'un long avenir exige un long passé. Humble, il écrit à ce sujet : *que nous ne nous berçons point du chimérique espoir de restaurer immédiatement un ordre social si profondément troublé. Notre vie tout entière est consacrée à la cause que nous entreprenons de défendre. Certes, il ne sera pas donné d'en voir le triomphe. Mais qu'importe ? Le fruit de nos travaux sera recueilli par d'autres. Et peut-être qu'un jour, en voyant Haïti puissante et prospère, en voyant la race noire à jamais réhabilitée, on se souviendra de nos efforts pour rendre hommage non pas à nous-mêmes, mais aux principes que nous aurons servis.*

équitable dans lequel les noirs et les blancs vivront dans l'entente.

En ce qui concerne le célèbre intellectuel américain William Edward Burghardt Du Bois (1868-1963), diplômé de Harvard[76], il aura la responsabilité de rédiger et de lire le discours de clôture de la conférence. Dans son discours intitulé « Adresse aux nations du monde [77] », Du Bois déclare que « Le problème du vingtième siècle est celui de la différenciation des races, à savoir jusqu'où les différences de races - qui se manifestent surtout par la couleur de peau et la texture des cheveux - serviront d'argument pour refuser à plus de la moitié du monde, le droit de jouir, autant qu'elle le peut, des opportunités et des privilèges de la civilisation moderne. ». Sur un ton prémonitoire, il avertit les puissances coloniales : « (…) le monde moderne ne doit pas oublier qu'à l'époque où nous vivons, alors que notre planète se rétrécit de plus en plus, les millions d'hommes noirs en Afrique, en Amérique, et dans les Îles, sans parler des multitudes jaunes et brunes

---

[76] Après de brillantes études, Du Bois fut le premier étudiant noir à obtenir en 1895 un doctorat (en sociologie) à Harvard. Il enseigne ensuite l'économie et l'histoire à l'université d'Atlanta. À partir de 1900, son engagement pour la cause des noirs aux USA et dans le monde est total. Il jouera un rôle clef dans l'organisation de tous les congrès panafricains (1919, 1921, 1923, 1927, 1945) consacrés à l'émancipation des noirs et à leur unité. Proche des milieux communistes, il n'adhère cependant à ce mouvement qu'en s'installant en 1961 en Afrique, précisément au Ghana, pays dans lequel il rendit l'âme. Légaliste dans ses revendications, il fonde en 1905 avec d'autres personnes, le *Mouvement Niagara,* qui visait, à combattre les discriminations qui affectaient notamment le droit de vote des Afro-Américains. S'associant aux blancs libéraux, il fonde, en 1910, la National Association for the Advancement of Colored People (NAACP), en français, Association nationale pour la promotion des gens de couleur.

[77] Nofi media, *Quand W.E.B. Du Bois s'adressait aux nations du monde,* le 6 février 2019.

ailleurs encore, sont destinés à avoir une grande influence dans le monde à venir, de par leur nombre même ainsi qu'au travers des contacts physiques. Si le monde cultivé s'efforce de donner aux Noirs et aux autres hommes de couleur, de plus nombreuses et de plus grandes occasions permettant leur développement autonome et leur éducation, ce contact et cette influence seraient alors amenés à avoir un effet bénéfique sur le monde et à accélérer le progrès de l'homme. ». Il demande enfin à la France et à l'Allemagne de se rappeler que « la véritable valeur des colonies réside dans leur prospérité et leur progrès, et que la justice, impartiale, pour les noirs comme pour les blancs, est le premier élément de cette prospérité. ».

À Londres émerge une démarche claire de l'élite noire en faveur de l'émancipation du noir partout dans le monde. Il y a aussi la main tendue aux blancs pour l'avènement d'un monde juste et équitable, débarrassé du racisme antinoir. Après cette conférence, c'est une série de congrès qui s'ouvre. Il eut, de 1919 à 1945, cinq congrès panafricains. Si les quatre premiers insistèrent, dans un ton plutôt conciliant, sur l'émancipation des noirs auprès de leurs maîtres blancs, le dernier congrès, lui, se montrera plus exigeant. Après avoir donné le meilleur d'eux-mêmes dans le combat contre le nazisme, les noirs aspirent désormais à être complètement libres.

Premier congrès panafricain de Paris, 1919

Du 1er au 13 février 1919, se tint à Paris un congrès panafricain réunissant 57 délégués venus des USA, des Caraïbes et d'Afrique, dans un contexte international marqué par deux faits majeurs : la fin de la Première Guerre mondiale (1914-1918), qui a vu les puissances de l'Entente (France, Grande-Bretagne, Serbie, Russie impériale, Grèce, Portugal et Roumanie), l'emporter sur les puissances centrales (Allemagne, Autriche-Hongrie, Turquie Ottomane et Bulgarie) et l'ouverture, le 18 janvier 1919, à Paris de la conférence de paix. L'objectif de cette conférence est d'établir les termes de la paix après la guerre[78].

Les principaux instigateurs (l'Afro-Américain Du Bois et le Sénégalais Blaise Diagne) du congrès panafricain étaient bien conscients du contexte dans lequel celui-ci devait se tenir et comptaient agir là-dessus pour faire évoluer, au cours de la conférence de paix de Paris, la politique des puissances coloniales dans une direction favorable à l'émancipation des noirs d'Afrique et d'Amérique. En effet, pendant la guerre, Du Bois et Diagne, à cause de leurs influences respectives, ont appelés les noirs à se joindre aux troupes américaines et françaises qui combattaient l'Allemagne et ses alliés. En France, Georges Clemenceau, homme d'État français, président du Conseil pendant la guerre et farouche opposant à l'empire allemand, a fait croire à Blaise Diagne (1872-1934), un des premiers députés africains à l'Assemblée nationale française, qu'après la guerre, la France accordera des droits civils et politiques aux populations noires de ses colonies en Afrique. Nommé en 1918 comme commissaire général chargé du recrutement indigène, Diagne[79] « réussi à enrôler

---

[78] C'est le 28 juin 1919 à Versailles qu'est signé le traité de paix entre l'Allemagne et les vainqueurs. Ce traité prévoyait la création d'une organisation internationale, la Société des Nations (SDN), ancêtre de l'Organisation des Nations Unies (ONU).

[79] Enfant de l'ile de Gorée, Blaise Diagne est adopté dès son plus jeune âge par une famille métisse (la famille Crespin) de grande notoriété dans cette Ile. Il commence ses études à l'école des Frères de Ploërmel de Gorée et les poursuit à Aix-en-Provence, en France. Il est ensuite admis au concours des douanes coloniales et servira, entre autres, au Congo, à Dahomey, et à Madagascar. En tant que député français, et fervent partisan de la politique assimilationniste de la France, il obtint, par une loi du 29 septembre 1916, la citoyenneté française pour les habitants des quatre communes (Gorée, Dakar, Saint-Louis, Rufisque)

63 000 soldats en Afrique-Occidentale française (AOF), et 14 000 en Afrique-Équatoriale française (AEF) en promettant la citoyenneté française aux combattants après la guerre. [80] ». Il espérait, comme l'a écrit le journaliste Jean-Pierre Bat, « que l'impôt du sang dont s'acquitteront les Africains dans le cadre de la guerre contre l'Allemagne sera en retour payé de reconnaissances civiques.[81] ». Évoquant les suites réservées à cette espérance, le journaliste explique que « la République a rapidement oublié ses soldats africains, au point même de négliger massivement de les récompenser au même titre que les autres poilus. Le dernier tirailleur survivant avait, dans les années 1990, reçu sa Légion d'honneur quelques jours après sa mort. Déjà en 1918, Blaise Diagne, à la tribune parlementaire, dénonçait les différences de traitement entre les régiments métropolitains et les régiments africains, avançant publiquement la thèse que les tirailleurs sénégalais étaient utilisés comme chair à canon (…). ».

---

du Sénégal. En sa qualité de citoyen français « assimilé » et de président du congrès (Du Bois assurant le secrétariat), Blaise Diagne semble avoir largement influencé quelques passages de la déclaration finale du congrès de Paris concernant le rôle des puissances coloniales en Afrique. Alors que la déclaration condamnait de façon globale la méconnaissance par l'Angleterre, le Portugal, l'Espagne, la Belgique et les USA des revendications des noirs, elle reconnaissait les efforts particuliers de la France envers les noirs. Seule la France de toutes les grandes puissances coloniales, dit la déclaration, *s'est efforcée de mettre les citoyens noirs sur un pied d'égalité absolue au point de vue légal et social avec ses citoyens blancs en leur donnant des représentants dans sa législature la plus élevée. Dans ses colonies, elle a organisé l'instruction nationale (...).*

[80] France Archives, *Blaise Diagne (1872-1934).*

[81]Libération, *L'Afrique et la Première Guerre mondiale : la mission Diagne (1918),* le 21 janvier 2015.

À l'époque, le célèbre écrivain (noir) français, René Maran[82], mettra sérieusement en cause le rôle joué par Diagne dans le recrutement des noirs dans l'armée française. Il l'accuse ainsi dans le journal « Les Continents » (édition du 15 octobre 1924) d'avoir poursuivi un but strictement personnel dans le cadre de ce recrutement. L'article incriminé « Le Bon Apôtre » expliquait que « Monsieur Clemenceau, matois, comme toujours, s'empressa de faire savoir téléphoniquement à Monsieur Diagne qu'il lui serait accordé une certaine commission par soldat recruté.[83] ». Révulsé par ces accusations, Diagne poursuit le rédacteur en chef du journal et René Maran en justice pour diffamation. Il eut gain de cause. Mais, comme l'a dit David Murhy[84] dans une interview accordée à Selim Nadi, « Diagne gagne le procès, mais, en termes de capital politique, il perd beaucoup. En effet, l'incident marque un profond changement dans la perception de l'homme politique sénégalais : perçu auparavant comme un héros par beaucoup de noirs qui voyaient en lui un défenseur de sa race et le modèle même des promesses de l'assimilation, il devient pour certains un traître à la cause noire.[85]».

De son côté, Du Bois espérait aussi que les noirs américains, à cause de leur patriotisme pendant la guerre, auraient droit à un meilleur sort. En effet, « lorsque la Première Guerre mondiale éclate, Du Bois voit là l'occasion de « sortir son peuple d'Égypte. ». Il encourage les Noirs du sud rural à émigrer dans le Nord. Et quand

---

[82] Auteur du roman *Batouala,* éd. Albin Michel, mai 1921 (prix Goncourt la même)

[83] Roger Little, *Du nouveau sur le procès Blaise Diagne–René Maran*, revue cahier d'études africaines, 1er janvier 2023.

[84] Auteur du livre *Lamine Senghor, la violation d'un pays et autres écrits anticolonialistes*, éd. L'Harmattan, 2012.

[85] David Murphy, entretien avec Selim Nadi, *Communisme et anticolonialisme : sur Lamine Senghor.*

l'Amérique blanche s'engage dans le conflit aux côtés des alliés, il les presse de rallier les forces armées si on fait appel à eux. Parallèlement, il supplie les autorités militaires d'appeler les Afro-Américains sous les drapeaux.[86]».

L'attitude des autorités françaises et américaines à l'égard de l'initiative d'organiser ce congrès à Paris laisse cependant apparaitre de sérieux doutes sur une possible amélioration du sort des noirs de l'empire colonial français en Afrique et des Afro-Américains après leur engagement aux côtés des alliés pour vaincre l'Allemagne. Cette attitude, qui s'est, entre autres, manifestée par la non-reconnaissance officielle du congrès par les autorités françaises et américaines et par le refus des présidents Woodrow Wilson et Georges Clémenceau de rencontrer Du Bois, s'expliquait au fond par la volonté de ces autorités d'étouffer dans l'œuf les revendications issues du congrès de Paris[87].

Malgré tout, le congrès eut lieu et produisit des résolutions fort importantes pour favoriser l'évolution immédiate des 200 millions de noirs qui peuplaient la planète à l'époque. La première demande aux gouvernements des puissances alliées et associées de se préoccuper d'établir un « code de protection international pour les indigènes comme ils se préoccupent d'établir le code international pour le monde du travail ». La seconde résolution demande la mise en place au sein de la Ligue des Nations d'un secrétariat permanent devant spécifiquement s'occuper de la mise en œuvre de toutes les mesures d'ordre politique, social, économique, qui forment le statut des Indigènes. Cette dernière résolution énumère quelques principes qui doivent être pris en compte dans

---

[86] Daniel Royot, *Les États-Unis à l'épreuve de la modernité*, éd. Presses Sorbonne Nouvelle, 1993, pp.155-166.

[87] Maëlle Gélin (Maitron), *1919 - Le premier congrès panafricain et la conférence de la paix,* le 22 novembre 2023.

l'administration des Indigènes d'Afrique et des peuples d'origine africaine. Il s'agit, entre autres, de l'abolition de l'esclavage et des châtiments corporels ; de l'éducation (surtout des enfants), aux frais de l'État, aussi bien dans la langue maternelle que dans la langue de la puissance tutrice ; de la création d'un service d'assistance médicale aux frais de l'État et de la formation d'un corps médical indigène ; de la sauvegarde pour les Indigènes du sol et de ses ressources naturelles et de la représentation équitable des intérêts des populations noires dans les organes de la SDN.

Deuxième congrès panafricain de Londres, Bruxelles et Paris, 1921

Organisé par la National Association for the Advancement of Colored People (NAACP), en français, Association nationale pour la promotion des gens de couleur, le congrès se déroule du 18 août au 6 septembre 1921 dans trois villes européennes : Londres, Bruxelles et Paris. Plus d'une centaine de délégués, venant d'Afrique, d'Amérique, d'Europe, des Caraïbes et d'ailleurs, y prennent part. Au cours des sessions qui se sont tenues dans ces trois capitales, on a vu apparaitre, autour de deux éminentes personnalités noires (Diagne et Dubois), d'importantes divergences entre les délégués noirs anglophones et francophones. Alors que le « Manifeste de Londres [88] » rédigé par Du Bois s'opposait au modèle assimilationniste français et se prononçait en faveur de la « création, en quelque sorte, d'un État autonome, où la race noire pourrait évoluer librement [89] », Diagne, lui,

---

[88] *Manifeste de Londres*. The Journal of Pan African Studies, vol 8, n°4, September 2015

[89] Congrès panafricain de Bruxelles (1921). Compte rendu de séance présidée par Diagne.

demandait à l'assemblée de Bruxelles, « d'ignorer complètement le papier de Londres ». À son avis, ce Manifeste était radical et d'inspiration communiste. Finalement, le congrès de Bruxelles donnera « l'impression qu'entre noirs civilisés, la différence de langue et de culture pourrait bien entraver la solution du problème racial. ».

Dans le préambule de ses résolutions[90], le congrès dénonce, d'une part, l'oppression des noirs par les blancs, et d'autre part, déclare qu' « Il est honteux et contraire à tous les principes de la science, de la religion, de la démocratie que l'estime d'une moitié du monde pour l'autre se mesure à la faculté qu'elle a d'en tirer des bénéfices. ». Toutefois, conscient de la réalité du fait colonial, le congrès fait appel à l'humanité des colons blancs dans l'administration des peuples qualifiés d'indigènes. Il les invite également à prendre position sur le sort à réserver aux territoires habités par les noirs.

L'appel du congrès en faveur d'une approche humaniste de l'administration coloniale dans les territoires peuplés de noirs repose sur huit revendications :

- La reconnaissance des hommes civilisés comme hommes civilisés, quelle que soit leur race ou leur couleur.
- La création d'institutions politiques locales dans les pays habités par les collectivités.
- L'organisation de l'enseignement obligatoire partout conjuguée avec le respect de la conservation de l'art indigène.
- La liberté pour les indigènes de conserver leur religion et leurs coutumes sociales.
- Le développement des œuvres d'hygiène, d'assistance et de prévoyance sociale dans toutes les collectivités arriérées.

---

[90] *Résolutions du congrès*

- La restitution aux noirs de leurs terres et des fruits naturels produit par celles-ci.
- L'institution par les puissances coloniales sous l'égide de la Société des Nations, d'un Institut International chargé de l'étude de tous les problèmes posés par l'évolution et la protection de la race noire.
- L'institution d'une section du travail, chargée plus spécialement de la protection et de la défense des travailleurs indigènes.

En ce qui concerne l'invitation faite aux colons blancs à prendre position sur le sort à réserver aux territoires habités par les noirs, le congrès propose un choix entre deux options. La première porte sur le « partage complet de l'Afrique entre deux ou trois des grandes puissances avec un pouvoir des privilèges civils et sociaux absolument égaux pour les citoyens noirs et blancs. ». Il s'agit là de l'option prioritaire. Si jamais elle ne convient pas aux puissances coloniales, la deuxième option (secondaire) consiste, quant à elle, à favoriser la naissance d'un État unique en Afrique[91]. Cet État aura les pleins pouvoirs en matière locale. Mais en matière de politique extérieure, cet État dépendra entièrement des puissances coloniales.

[91] La seconde proposition des résolutions du congrès panafricain de Paris portait déjà en elle, les germes de l'unité africaine, à travers, non pas un projet d'association de micro-États, comme c'est le cas aujourd'hui avec l'OUA puis l'UA, mais à travers un projet de constitution des États-Unis d'Afrique, tel qu'il sera proposé dans les années 1960 par le Ghanéen Kwame Nkrumah et porté dans l'Agenda 2063 de l'UA.

Troisième congrès panafricain de Londres-Lisbonne, 1923

Tenu en novembre et décembre 1923, ce congrès connait très peu de participants par rapport aux congrès précédents. Il enregistre une divergence marquée entre les participants francophones (Diagne en tête) favorables l'émancipation des peuples noirs dans le cadre des empires coloniaux et les participants anglophones (Du Bois) favorables à l'autonomie complète des peuples noirs. Les résolutions de ce congrès sont quasiment identiques à celles des premiers congrès. Elles fustigent le lynchage des noirs aux États-Unis et insistent sur le développement de l'Afrique dans l'intérêt des Africains et pas seulement dans celui des blancs[92].

Quatrième congrès panafricain de New York, 1927

Il est tenu du 21 au 24 août 1927 à New York (USA) sous l'impulsion des Afro-Américaines. Madame Addie Waite Hunton en tête et d'autres personnalités influentes, comme Dora Cole Norman, Jessie Redmon et Dorothy R. Peterson. Les délégués à ce congrès viennent de différentes contrées (États américains, Antilles, Japon, Inde, Gold Coast, Nigeria, Liberia, Sierra Leone et Afrique du Sud). Les résolutions adoptées ne sont guère différentes de celles adoptées par les précédents congrès, même si sur certains points, elles semblent s'en démarquer, notamment sur l'élan de solidarité manifesté envers la cause des autres peuples opprimés dans le monde.

---

[92] University of Edinburgh, *Troisième congrès panafricain.*

Ces résolutions[93] lient avant tout le sort des noirs américains à celui des autres noirs vivant en Afrique. Sans être dans une logique de confrontation avec le pouvoir colonial, les résolutions préconisent, avec insistance, l'inclusion des noirs dans les gouvernements coloniaux qui administrent leur territoire. Il s'agit là d'une démarche graduelle vers une prise de responsabilité totale des noirs dans la gestion de leurs propres affaires. Concernant la politique de certaines puissances coloniales, les résolutions exigent le retrait des forces armées américaines d'Haïti. Si la politique britannique est saluée dans ses colonies d'Afrique de l'Ouest, les résolutions demandent au pouvoir britannique de faire ce qui est nécessaire pour la formation des noirs, mais aussi, de les accorder plus de pouvoirs sur le plan législatif. Les résolutions s'en prennent ouvertement à la politique raciste du pouvoir blanc en Afrique du Sud et exigent, de ce pouvoir, la restitution aux noirs de leurs terres. En ce qui concerne les pouvoirs coloniaux français et belge, ils sont encouragés à accorder des droits politiques aux noirs des territoires qu'ils administrent en Afrique et à poursuivre différentes actions en faveur de leur instruction. Les résolutions invitent les Antillais à créer une fédération entre les iles qu'ils habitent et à y encourager l'instruction et l'égalité raciale. Les résolutions dénoncent sans ambiguïté la précarité économique dans laquelle vivent les noirs aux États-Unis et les abus et autres formes de discrimination dont ils font l'objet. Pour les travailleurs noirs, les résolutions exigent, le droit de se syndiquer et le droit d'intégrer, en tant que personnel qualifié, les différentes unités industrielles du pays. Les résolutions ne passent pas sous silence la nécessité de préserver l'indépendance du Liberia et de l'Abyssinie. Enfin, le congrès, en guise de solidarité envers d'autres peuples

---

93 Black Agenda report, *Resolution passed by fourth Pan-African congress, New York, City, 1927*, 1er juin 2022.

opprimés, émettra un vœu pour la liberté de l'Égypte, de la Chine et de l'Inde. Il dénoncera l'ingérence des USA dans les affaires de l'Amérique latine, tout en manifestant une reconnaissance envers les efforts de l'URSS en faveur de l'émancipation des peuples opprimés du monde. Les résolutions invitent les travailleurs du monde occidental à faire siennes les légitimes revendications des noirs concernant l'élimination de toute forme de racisme dans le monde du travail.

Cinquième congrès panafricain de Manchester, 1945

Il a fallu attendre près de deux décennies pour que se tienne à Manchester (Angleterre), du 15 au 21 octobre 1945, le cinquième congrès panafricain grâce à l'engagement de ses illustres organisateurs, comme Georges Padmore[94]. Les raisons de ce retard sont à attribuer à l'incertitude qui régnait dans le monde à cause notamment de la crise économique et de la Seconde Guerre mondiale. Ce congrès constitue un important tournant dans l'histoire des grandes retrouvailles panafricaines. Il est le dernier à se

---

[94] Georges Padmore est né le 28 juillet 1902 dans l'île de Trinidad. Il dut immigrer aux États-Unis pour effectuer ses études supérieures en droit et en médecine. Journaliste et panafricaniste convaincu, il adhèrera à la Ligue anti-impérialiste, au Comité international des travailleurs noirs et au Parti communiste américain, qui prône l'égalité raciale. Mais il prendra ses distances du communisme après la découverte d'une alliance entre Staline et le régime colonial français. Après les États-Unis, il installe ses quartiers à Londres, où il fera la connaissance d'un certain nombre de leaders africains, dont Jomo Kenyatta et Kwame Nkrumah. Il sera très proche de ce dernier, qui l'honorera en faisant de lui, une fois président du Ghana, son conseiller aux affaires africaines. À ce titre, il sillonne de nombreux pays africains dans le but d'y promouvoir l'unité africaine. En septembre 1959, il décède à Londres par suite de maladie et sera enterré avec tous les honneurs au Ghana, son pays d'adoption. Source : Nofi, (Hommage) *Georges Padmore : l'un des pères du panafricanisme,* le 17 octobre 2014.

tenir en dehors du continent africain. Depuis cette date, tous les congrès panafricains se sont déroulés en Afrique. Si la présidence de ce congrès est encore confiée à Du Bois, figure emblématique du panafricanisme, la rencontre de Manchester connaitra une participation jusque-là inégalée de leaders africains. On compte d'ailleurs, parmi eux, certains premiers présidents d'États indépendants d'Afrique. Il s'agit par exemple de Kwame Nkrumah, représentant de la Côte-de-l'Or (actuel Ghana) qui deviendra président du Ghana, et de Jomo Kenyatta, représentant du Kenya qui sera aussi président de ce pays. Au total, le congrès réunira plus de 200 délégués venant de diverses parties du monde. Le congrès de Manchester contraste avec les congrès précédents sur un point essentiel. Alors que les résolutions des précédents congrès étaient beaucoup plus conciliantes, les résolutions du congrès de Manchester se montrent plus combattives et exigeantes. Pour la toute première fois, écrivaient Edem Kodjo et David Chanaiwa, « les Africains avertissaient formellement les puissances européennes que, si elles persistaient à vouloir gouverner l'Afrique par la force, ils auraient recours eux aussi à la force pour se libérer.[95] ».

Le contenu des résolutions adoptées par le congrès de Manchester est sans appel. Il exige l'émancipation totale et sans condition des noirs de la tutelle des puissances occidentales. Edem Kodjo et David Chanaiwad résument ces exigences à six principaux points :

- l'émancipation et l'indépendance complètes des Africains et des autres groupes raciaux assujettis à la domination des puissances européennes qui prétendaient exercer sur eux un pouvoir souverain ou un droit de tutelle ;

[95] UNESCO, *Histoire générale de l'Afrique, VIII, l'Afrique depuis 1935*, éd. UNESCO, 1998, chapitre 25.

- l'abrogation immédiate de toutes les lois raciales et autres lois discriminatoires ;
- la liberté d'expression, d'association et de réunion, la liberté de la presse ;
- l'abolition du travail forcé et l'égalité de salaire pour un travail égal ;
- le droit de vote et l'éligibilité pour tout homme ou femme âgés de vingt et un ans ou plus ; et,
- l'accès de tous les citoyens aux soins médicaux, à la protection sociale et à l'éducation. ».

Bref, c'est à Manchester que les Africains se sont entièrement approprié du panafricanisme pour en faire désormais une véritable idéologie au service de l'indépendance et de l'unité de leur continent.

2.1.2. De 1974 à 2015

Cette période a enregistré la tenue, exclusivement en Afrique, de trois congrès,

Sixième congrès panafricain de Dar es Salam, 1974

Cette rencontre inaugure la série de congrès panafricains post coloniaux. Il s'agit de congrès qui se sont déroulés dans une Afrique désormais libre. En effet, le congrès panafricain de Dar es Salam (Tanzanie), du 19 au 27 juin 1974, s'est tenu dans le double contexte de dénonciation du manque d'enthousiasme de l'OUA pour le panafricanisme et de combat pour l'indépendance du continent. Les participants à ce congrès se sont penchés sur les questions suivantes : 1, la lutte contre le colonialisme en Afrique australe et dans les territoires administrés par le Portugal ; 2. la lutte contre l'impérialisme international sous toutes ses manifestations en Afrique (néo-colonialisme, racisme, présence de bases militaires, etc.) ; 3. le soutien actif aux luttes des minorités noires aux USA, en Europe, etc.[96] ». Ils ont en outre, d'une part, adressé « un vibrant salut aux combattants de la liberté du Mozambique, de Zimbabwe, d'Afrique du Sud, d'Angola, de Namibie ainsi qu'aux peuples de Guinée-Bissau, des iles du Cap-Vert, des Comores, des Seychelles, de la Somalie dite Française, de São Tomé et Príncipe et du Sahara dit Espagnol [97] », et d'autre part, salué les victoires remportées par les mouvements de libération nationale.

Septième congrès panafricain de Kampala, 1994

La tenue de ce congrès était prévue en Libye, chez le président Mouammar Kadhafi. Mais, compte tenu de l'ingérence de ce dernier dans les affaires intérieures des États africains, le congrès se tiendra finalement à Kampala (Ouganda) du 3 au 8 avril 1994 dans le triple contexte de fin de la guerre froide, du génocide rwandais et d'impuissance de l'OUA à relever les principaux défis du continent[98]. Les principales résolutions[99] du congrès portent sur :

- la dénonciation du génocide au Rwanda suite à la mort brutale des présidents du Rwanda et du Burundi (Juvénal Habyarimana et Cyprien Ntaryamira) ;

---

[96] 6e Congrès panafricain.

[97] Présence africaine, *Déclaration du 6e Congrès panafricain sur la lutte de libération nationale en Afrique australe.* 1974, éditions Présence africaine, 91.

[98] Boukari-Yabara, A. (2017). 24. Mbeki, *Kadhafi, Obama... L'Afrique prise au piège.* Dans : A. Boukari-Yabara, Africa Unite: une histoire du panafricanisme, éditions La Découverte.

[99] Michigan State University, *Resolutions of the plenary of the 7th Pan African Congress, Kampala, 1994.*

- la dénonciation de l'ingérence étrangères dans des pays comme la Somalie et le Haïti et des sanctions infligées à la Libye de Mouammar Kadhafi, l'appel à établir des relations solides entres les africains et les afro-brésiliens ;
- la solidarité envers la cause palestinienne et la Corée du Nord dans ses relations tendues avec les USA , et ;
- la critique de la législation britannique sur l'immigration, qualifiée de raciste, et l'exigence de libérer tous les noirs demandeurs d'asile au Royaume-Uni.

Huitième congrès panafricain de Johannesburg, 2014

Deux décennies séparent le congrès de Kampala de celui de Johannesburg, tenu du 14 au 16 janvier 2014. À Johannesburg, c'est sur l'angle du renforcement l'unité africaine que les délégués débattront. Ils ont estimé que cette unité doit résider dans la solidarité entre les peuples noirs de toutes les régions du monde, et non entre les peuples du seul continent africain. Le thème choisi par le congrès « Mobiliser les Africains du monde pour la renaissance de l'unité » est d'ailleurs assez évocateur de cette préoccupation. Cet esprit d'unité a donc permis au congrès d'examiner les rapports sur la situation des Africains en Afrique et la situation des afrodescendants dans le reste du monde. Cet exercice a conduit le congrès à formuler diverses recommandations allant dans le sens de l'amélioration des conditions juridiques, économiques et sociales des peuples noirs partout dans le monde[100]. Parmi ces recommandations figurent, le droit de retour en Afrique de la diaspora noire, la mise en place des politiques et lois antiracistes en matière d'accès à l'emploi et la fin de l'esclavage des noirs dans le monde arabe. Sur la question

---

[100] African regional organisation of the international trade union confederation ITUC-AFRICA, *8th Pan-African Congress calls for council on african national affairs.*

de la réparation, le congrès s'est déclaré en faveur de la mise en place d'une Commission nationale des réparations dans chaque pays où vivent les personnes d'ascendance africaine. L'objectif recherché par le congrès après la création de ces commissions nationales est la mise en place d'une commission mondiale des réparations qui se chargera de demander la réparation totale des préjudices résultant de l'esclavage des noirs. Enfin, le congrès a reconnu le rôle des femmes, des jeunes et des syndicats dans le développement du panafricanisme.

Sur fond de contestation du congrès de Johannesburg, un autre congrès panafricain, également qualifié de 8e, s'est tenu à Accra (Ghana), du 5 au 7 mars 2015. Lancé par le président Ghanéen John Dramani Mahama, ce congrès, selon ses organisateurs, tire sa légitimité de sa fidélité à l'esprit et à l'idéal des pères fondateurs du panafricanisme (Du Bois, Kwame Nkrumah, etc.). Dans ses résolutions, figurent :

- la création d'une monnaie commune entre les États africains ;
- la prise en charge des questions de sécurité en Afrique par les Africains eux-mêmes malgré l'apport extérieur ;
- le soutien des efforts en faveur de l'indépendance du Sahara occidental ;
- le soutien des initiatives de réparation portée par la CARICOM ;
- l'érection de la diaspora africaine en sixième région d'Afrique ;
- le réexamen de la dette africaine dans le cadre de la réparation ;

- le soutien du mouvement «Black Lives Matter» en Amérique du Nord et le lancement de son pendant en Afrique, le mouvement «African Lives Matter», et ;
- la promotion de la culture panafricaine et l'égalité entre les hommes et les femmes tout en reconnaissant le rôle de ces dernières dans le rayonnement du panafricanisme.

En guise de conclusion sur les grandes rencontres panafricaines, on peut dire que, sur les huit rencontres tenues entre 1900 et 2015, cinq se sont déroulées, entre 1900 et 1945, hors continent africain. Seulement, trois ont eu lieu en Afrique, entre 1974 et 2015. Une quatrième rencontre (le 9e congrès panafricain[101]) initialement prévue en novembre 2024 à Lomé (Togo), a été reportée.

---

[101] Il était prévu de tenir le 9e congrès panafricain au Togo du 29 octobre au 2 novembre 2024 sur le thème suivant : *Renouveau du panafricanisme et rôle de l'Afrique dans la réforme des institutions multilatérales : mobiliser les ressources et se réinventer pour agir*. L'organisation de ce congrès fut précédée de la tenue de six précongrèss au niveau des cinq régions d'Afrique et la Diaspora noire, qui constitue la 6e région d'Afrique. L'intérêt de ces pré congrès est *de rendre le 9e congrès panafricain véritablement inclusif, c'est d'en faire un congrès des peuples. L'objectif, c'est que les États, les associations, les groupes privés, les universitaires, etc., participent et fassent un certain nombre de recommandations qui seront reversées dans le cadre du congrès de Lomé.* Source : Esaïe Edoh *(Togo First), 9e congrès panafricain à Lomé : le comité d'organisation fait le bilan des préparatifs*, le 24 juillet 2024. Déclinant l'objectif général du 9e congrès panafricain, le Comité d'organisation indique que *le Congrès panafricain de Lomé est d'abord un espace privilégié pour les Africains vivants sur le continent et hors de celui-ci (la diaspora et les afrodescendants) de s'interroger, notamment sur la question de leur devenir humain, politique, culturel, social et sociétal, dans un monde de plus en plus instable, en panne de responsabilité collective et de gouvernance concertée impliquant l'Afrique. À travers ce congrès, les pays africains devront réfléchir sur comment inventer une forme d'association humaine, une organisation politique et de nouvelles visions afin de définir ce qu'ils veulent et peuvent pour eux-mêmes et par eux-mêmes (africanophonie), aux côtés d'autres acteurs majeurs de l'économie mondiale et de la scène*

Les congrès panafricains (CPA) ont toujours été l'occasion pour l'intelligentsia noire de poser de manière claire et intelligible les réclamations des peuples noirs à la face du monde. Toutefois, les CPA ne sont pas exempts de critiques. Selon une source officielle togolaise, il leur est reproché par exemple d'être sous l'emprise « des élites politiques et intellectuelles, détachées des préoccupations et des intérêts des masses africaines[102]. ». D'autres critiquent leur manque d'efficacité dans l'atteinte des objectifs, dénoncent les divisions et les rivalités en leur sein, et mettent en cause leur pertinence à l'ère moderne, arguant que les défis auxquels l'Afrique est confrontée nécessitent de nouvelles approches et stratégies.

Ces critiques font logiquement appel aux propositions d'amélioration suivantes :

- Ouverture des CPA aux différents courants de pensée qui traversent le panafricanisme. Cette ouverture sera le signe le plus patent de la démocratisation des débats au sein des CPA ;

---

politique internationale. Le Congrès panafricain de Lomé permettra aussi d'examiner la vision et les moyens par lesquels le développement du continent peut tirer les meilleurs bénéfices de la capitalisation des compétences, des expertises, du leadership de la diaspora et des afrodescendants. Il s'agit d'un réservoir de potentialités à transformer en puissant levier de développement pour le continent. Source : Comité d'organisation du 9e congrès panafricain de Lomé, *Objectifs du 9e congrès panafricain de Lomé.*

102 Ministère des Affaires étrangères, de l'Intégration régionale et des Togolais de l'Extérieur, *Le 9e congrès panafricain se déroulera à Lomé du 2 octobre au 2 novembre 2024,* le 12 mars 2024.

- renforcement de l'indépendance des CPA malgré leur indispensable interaction avec les gouvernements des nations noires[103], et ;
- tenue des congrès dans des délais raisonnables afin d'améliorer la capacité de réaction et de proposition des CPA aux mutations mondiales.

Bref, la démocratisation du débat panafricain par l'inclusion de tous les courants du panafricanisme, l'attachement à l'indépendance, l'adaptation des revendications panafricaines aux exigences d'un monde dynamique et l'habileté diplomatique d'inscrire ces revendications dans l'agenda des structures de puissance, tels sont les défis que doivent relever les CPA pour demeurer pertinents aux yeux des communautés et des nations noires du monde.

2.2. IMPACT DES CONGRÈS PANAFRICAINS

Les CPA ont joué un rôle de premier plan dans l'émancipation des noirs dans le monde. Les pères fondateurs du panafricanisme savaient bien mettre à profit les grandes mutations internationales pour positionner la « question noire » au cœur de l'actualité mondiale. Les dates (1er au 13 février 1919) et le lieu (Paris) choisis pour abriter le premier congrès panafricain ne devaient rien au hasard. Le pari de Du Bois et de Diagne consistait, en prélude à l'ouverture (18 janvier 1919) de la conférence de paix de Paris, à exercer une pression maximale sur les principaux dirigeants des empires coloniaux afin de conduire ceux-ci à agir en faveur de l'émancipation des noirs dans le monde. En fins diplomates, ils ont réussi, sur

[103] Un CPA fut organisé en 2015 à Accra (Ghana) pour contester la légitimité du 8e CPA de Johannesburg (Afrique du Sud) en 2014. Celui de 2014 étant jugé sous influence gouvernementale.

la « question noire », à contrarier les dirigeants de ces empires, en les confrontant aux principes (démocratie, liberté et respect des droits humains) pour lesquels, ils proclamaient leur attachement. Pour ce qui est du congrès de Manchester en 1945, sa tenue, du 15 au 21 octobre en Angleterre (à la fois empire colonial et puissance victorieuse pendant la Seconde Guerre mondiale) poursuivait, entre autres, l'objectif d'exiger l'indépendance des peuples noirs d'Afrique après la Seconde Guerre mondiale. Le CPA de Manchester, auquel prendront part quelques futurs hommes d'État africains, fut un succès diplomatique majeur, car peu après, l'Afrique faisait son entrée dans la période des indépendances. Dès après sa tenue, différents facteurs interviendront pour accélérer l'émancipation des colonies en Afrique. Il s'agit principalement de la maturité des idéaux panafricains chez l'élite intellectuelle et politique noire et l'existence d'un contexte international favorable à la liberté des peuples à disposer d'eux-mêmes. Le contexte international était aussi marqué par l'échec du nazisme (en partie grâce à la contribution des colonies à l'effort de guerre), l'adoption par les Nations Unies de la Charte de San Francisco, et l'opposition des Soviétiques et des Américains aux politiques coloniales franco-anglaises.

En revanche, en ce qui concerne l'unité de l'Afrique, l'influence de CPA fut moindre. En effet, dès leur accession à l'indépendance, les divergences d'ordre idéologique sont apparues entre les nouveaux États africains sur le modèle d'intégration à mettre en place. Alors que les uns (Kwame Nkrumah, Sékou Touré, Modibo Keita …) étaient pour une intégration maximaliste à travers la constitution, des États-Unis d'Afrique, les autres, étaient pour une intégration minimaliste à travers la mise en place d'un mécanisme de coopération technique respectueux de la souveraineté de chaque État. L'Organisation de l'Unité africaine (OUA) créée en mai 1963 à Addis Abeba (Éthiopie) est le produit du compromis trouvé entre ces deux modèles (souple et rigide) d'intégration.

2.3. Relance des projets d'intégration politique

Il a fallu attendre les années 2000 pour assister au niveau de l'OUA à la relance du projet des États-Unis d'Afrique. Le projet est cette fois-ci porté par le Guide libyen, Mouammar Kadhafi, qui le présentera aux chefs d'État et de gouvernement lors du sommet extraordinaire de l'OUA tenu du 8 au 9 septembre 1999 à Syrte (Libye). Le 9 septembre est adoptée la Déclaration sur l'Union africaine. Ce sommet appelé Syrte 1 sera suivi d'un autre sommet, le 36e, à Lomé (Togo), le 12 juillet 2000. Finalement, c'est lors de Syrte 2, tenu du 1er au 2 mars 2001, que l'UA est proclamée en Libye. Et le 26 mai 2001, après la ratification de l'acte constitutif de l'UA par les deux tiers des membres de l'OUA, l'UA est entrée en vigueur. Le dernier sommet de l'OUA (le 37e) a eu lieu du 9 au 11 juillet 2001 à Lusaka (Zambie). Le 9 juillet 2002 à Duban (Afrique du Sud), l'UA a officiellement pris le relais de l'OUA.

Une question qui vient à l'esprit, à la naissance de l'UA, est de savoir si elle correspond, conformément à la Charte de l'OUA, à un échelon supérieur du processus d'intégration des États africains ? Il ressort de la lecture de la Charte de l'OUA adoptée en 1963 à Addis-Abeba et de l'acte constitutif de l'UA qu'il n'en est rien ! L'UA, dont la naissance est quasiment liée à la marginalisation de l'Afrique et à l'activisme diplomatique du Guide libyen, est venue tout simplement remplacer l'OUA, qui brillait finalement par son manque de leadership. Néanmoins, l'UA est porteuse dans son texte constitutif de quelques innovations. La plus remarquable est la consécration par l'article 4 (h) de l'acte constitutif du « droit de l'Union d'intervenir dans un État membre sur décision de la Conférence, dans certaines circonstances graves, à savoir : les crimes de guerre, le génocide et les crimes contre l'humanité. » En adoptant cet article, les dirigeants africains étaient encore hantés par le souvenir du génocide rwandais de 1994. Ils s'engageaient par conséquent à éviter la répétition d'un tel scénario dans le continent. Selon cette disposition, la souveraineté d'un État ne lui donne plus le droit de disposer de son peuple à sa guise.

C'est au tournant des années 2010 que l'UA engagera ses États membres à renforcer l'intégration africaine, notamment sur le plan politique, à travers la vision et les sept aspirations de son Agenda 2063[104]. Cet Agenda est, depuis lors, le cadre de référence de son autonomie stratégique dans les 50 prochaines années. Adopté en janvier 2015, après une large consultation, par la Conférence des chefs d'État et de gouvernement de l'UA lors de sa 24e session tenue à Addis-Abeba (Éthiopie), l'Agenda 2063 porte la vision suivante : « Une Afrique intégrée, prospère et en paix, conduite par ses propres citoyens et représentant une force dynamique sur la scène

---

[104] Ces aspirations sont formulées comme suit : 1. Une Afrique prospère portée par une croissance inclusive et le développement durable. 2. Un continent intégré, politiquement uni et fondé sur les idéaux du Panafricanisme et la Vision de la Renaissance africaine. 3. Une Afrique de bonne gouvernance, de respect des droits de l'homme, de justice et d'État de droit. 4. Une Afrique en paix et en sécurité. 5. Une Afrique d'identité culturelle forte, avec des valeurs, une éthique et un patrimoine communs. 6. Une Afrique dont le développement est assuré par les peuples, puisant dans le potentiel de ses peuples, en particulier les femmes et les jeunes, et se préoccupant de ses enfants. 7. Une Afrique, en tant qu'acteur et partenaire fort, uni, résilient et influent dans le monde. Source : Commission de l'Union africaine, *Agenda 2063, l'Afrique que nous voulons, Cadre stratégique commun pour une croissance inclusive et un développement durable.*

mondiale. »[105]. Selon la Déclaration solennelle de la Conférence des Chefs d'État et de gouvernement de l'UA sur le cinquantième anniversaire de l'OUA/UA, la vision et l'Agenda 2063 de l'UA sont « une vision du Panafricanisme et de la Renaissance africaine. » L'intégration politique de l'Afrique, quant à elle, est inscrite dans la deuxième aspiration de l'Agenda 2063. Elle fait référence à « Un continent intégré, politiquement uni et fondé sur les idéaux du Panafricanisme et la Vision de la Renaissance africaine ». C'est de cette aspiration qu'est forgé l'objectif d'une Afrique unie sous forme fédérale ou confédérale.

2.3.1. Obstacles

Trois principaux obstacles doivent être surmontés par les États africains pour que la deuxième aspiration de l'Agenda 2063 soit une réalité.

Le premier, issu en grande partie du fait colonial, porte sur les différences qui existent entre les 55 États africains sur divers plans : économique, politique, linguistique et culturel. Dans certains cas, les différences sont si frappantes que certains s'autorisent à parler non pas d'une Afrique en tant qu'entité homogène, mais des « Afriques » en tant qu'entités hétérogènes. Mais dans l'ensemble, nombre d'États africains font face à des défis communs sur les plans économique, politique et sécuritaire.

---

[105] C'est au cours de la célébration du 50e anniversaire de l'OUA/UA que la Conférence des chefs d'État et de gouvernement de l'UA, lors de sa 21e session tenue à Addis-Abeba (Éthiopie) le 26 mai 2013, a pris l'engagement, dans une déclaration solennelle, de se doter d'un Agenda à l'horizon 2063 grâce à un processus axé sur les peuples pour la réalisation de sa vision d'une Afrique intégrée, prospère et en paix avec elle-même.

Le deuxième obstacle concerne l'extrême vulnérabilité de l'Afrique dans les rivalités qui se jouent entre les puissances de ce monde. La compétition entre les grandes puissances impacte sérieusement le processus d'intégration politique en Afrique. Au cours de la guerre froide, le panafricanisme, avec ses penchants socialistes, n'était pas du goût des puissances occidentales. Le professeur Bertrand Badie, rappelle à ce titre qu'elles avaient étouffé, l'utopie naissante qu'était le panafricanisme[106].

Enfin, le caractère non démocratique des projets d'intégration politique en Afrique est le troisième obstacle à surmonter. Les chefs d'État porteurs de ces projets dans les années soixante n'avaient pas pris les mesures nécessaires pour laisser à leurs populations le soin de se prononcer, en toute liberté, pour ou contre le projet de formation des grands ensembles politiques dans le continent[107]. La plupart du temps, ils ont imposé leurs vues aux populations. Autant ils tenaient, auprès des anciennes puissances coloniales, des discours enflammés sur la liberté des peuples à disposer d'eux-mêmes, autant ils avaient aussi privé, une fois le pouvoir entre les mains, leurs populations de liberté, par l'instauration des régimes à parti unique. Ce qui était un paradoxe ! Pour nombre d'Africains alors, certains chantres du panafricanisme représentaient une menace pour l'avènement de la démocratie.

---

[106] Bertrand Badie (le Monde), le 24 octobre 2018.

[107] Une organisation régionale comme la CEDEAO est par exemple confrontée à un défi de démocratisation de son processus d'intégration. On a souvent tendance à opposer souvent la CEDEAO d'en haut (celle de la Conférence des Chefs d'État et de gouvernement, des fonctionnaires de la Commission et autres médiateurs presque inamovibles) de la CEDEAO d'en bas (celle des peuples ouest-africains destinataires pour le meilleur et le pire, des décisions prises par la CEDEAO d'en haut). Youssouf Sylla (guineenews), *L'indispensable mue de la CEDEAO,* le 6 février 2024

2.3.2. PROPOSITIONS

Pour surmonter ces obstacles, trois actions sont nécessaires : la stabilisation de l'État et son adhésion à certaines valeurs, le renforcement des CER et l'accroissement des échanges culturels entre États et la promotion d'une langue commune.

Stabilisation de l'État et son adhésion à certaines valeurs

La plupart des pays africains sont confrontés au gigantesque défi d'acclimatation, de maîtrise et de stabilisation du modèle étatique imposé par le fait colonial. Alors que ces pays n'ont pas, à date, de projets de formation d'un autre modèle étatique que celui-ci, ils n'ont en réalité d'autres choix que de composer avec cet État « importé[108] », en l'adaptant à leurs propres réalités. Après un demi-siècle de vie dans ce modèle étatique, sa stabilisation est aujourd'hui nécessaire dans chaque pays pour pouvoir envisager, sur le fondement de ses ressorts, une coopération crédible avec les autres États. Après cette stabilisation, la libre adhésion des États africains à certaines valeurs communes est nécessaire pour atteindre de manière

---

[108] Le professeur de Relations internationales, Bertrand Badie, estime dans son ouvrage *L'État importé. Essai sur l'occidentalisation de l'ordre politique* (éd. Fayard, 1992), que dans le Sud, notamment en Afrique, l'État est un *pur produit d'importation* qui éprouve des difficultés à se *greffer* aux réalités sociales culturelles. Si ces difficultés de greffage ou d'adaptation de l'État au sens occidental ne peuvent être ignorées, il convient cependant d'observer que d'autres sociétés ont pu domestiquer l'État importé. Car, en définitive, les principes de justice, d'égalité et de protection, par exemple, qui caractérisent cet État sont bien compatibles par leur universalité avec les valeurs des sociétés du Sud. Par conséquent, il revient à chaque société du Sud de définir, selon ses propres réalités, les conditions de réception du modèle étatique issu du fait colonial, ou alors de le rejeter pour un autre modèle qu'elle estime meilleur.

cordonnée les objectifs de la deuxième aspiration de l'Agenda 2063 de l'UA. Ces valeurs portent, entre autres, sur la prééminence de l'État de droit et la démocratisation du processus d'intégration politique. En effet, la prééminence de l'État de droit trouve dans la Charte africaine de la démocratie, des élections et de la gouvernance adoptée par l'UA en 2007, un excellent cadre d'expression. Pour ce qui est de la démocratisation du processus d'intégration politique, elle suppose d'adhésion des peuples africains au projet d'intégration politique. Le but ultime de cette démocratisation est d'empêcher certains leaders panafricains « illuminés » de se substituer aux peuples africains dans la définition des grandes stratégies continentales. Autrement, il s'agit désormais de faire du projet fédéral ou confédéral du panafricanisme non pas une préoccupation élitiste, mais une affaire des populations africaines[109]. Pour y parvenir, chaque État se doit de susciter en son sein un véritable débat sur le projet d'intégration politique du continent et donner à ses populations l'opportunité de se prononcer par voie démocratique sur le sujet.

Renforcement de l'intégration sous-régionale

Il est difficile d'envisager une solide intégration continentale lorsque les organisations régionales qui couvrent l'Afrique battent de l'aile. Il revient donc aux dirigeants africains de donner les meilleures chances de réussite à l'unité africaine sous forme fédérale ou confédérale par le renforcement et la consolidation des CER. La réussite des processus d'intégration au niveau des CER peut être considérée comme le pas le plus décisif à

[109] De 1900 à 1945, le projet politique du panafricanisme fut quasiment porté par l'élite intellectuelle noire. Depuis les années 1960, c'est plutôt l'élite dirigeante qui porte ce projet en Afrique.

franchir pour aller vers l'intégration politique au niveau continental.

Accroissement des échanges culturels entre les peuples africains et promotion d'une langue commune

L'Afrique est caractérisée par une incroyable diversité culturelle. L'unité politique n'est possible entre les États africains que si les peuples qui forment ces États se connaissent et s'acceptent mutuellement dans ce qu'ils ont de semblable et de dissemblable. Cette connaissance mutuelle passe par les échanges culturels. C'est ainsi que, dans la Charte culturelle de l'Afrique adoptée par l'OUA lors de sa 13e session tenue du 2 au 5 juillet 1976, les États africains ont décidé de « renforcer leur coopération par les actions culturelles communes et les échanges périodiques sur les grands thèmes qui conditionnent le développement culturel de l'Afrique. ».

La langue étant à son tour un moyen de communication et de perpétuation de la personnalité culturelle d'un peuple, les Africains doivent apprendre à se parler et à se comprendre dans une langue africaine commune. Le Swahili ou le Kiswahili avait à cet égard retenu l'attention de l'UA qui en a fait une de ses langues officielles, aux côtés de l'arabe, de l'anglais, du français, du portugais et de l'espagnol. La particularité du Swahili, langue bantoue originaire de Tanzanie, réside dans le fait qu'elle est une des langues les plus parlées en Afrique subsaharienne. Selon la « Note conceptuelle sur le Kiswahili comme langue de travail de l'UA », présentée par le gouvernement tanzanien en février 2022, « Le kiswahili est la langue nationale et officielle de la République-Unie de Tanzanie ; il est une des quatre langues nationales de la RDC, la langue maternelle de toutes les Comores ; il est une langue des affaires et de commerce des communautés frontalières de la

Tanzanie, de la RDC, de la Zambie, du Malawi, du Mozambique et de la Communauté d'Afrique de l'Est (CAE) .». Les États membres de l'UA devraient donc prendre des mesures afin que cette langue, qui a environ 200 millions[110] de locuteurs, soit enseignée dans leurs écoles.

Au final, l'ultime objectif du projet d'unification politique de l'Afrique est la constitution des États-Unis d'Afrique ou d'une confédération d'États africains. Il s'agit là, de toute évidence, d'une tâche titanesque et d'un objectif politique à long terme qui exige certains préalables et le respect d'un calendrier. L'échec de l'Union Guinée-Ghana[111] (étendue au Mali), embryon des États-Unis d'Afrique, est une expérience riche d'enseignements pour toute initiative de création de grands ensembles politiques en Afrique. Comme l'expliquait Philippe Decraene dans un intéressant article publié dans le Monde diplomatique[112], malgré la décision conjointe de Sékou Touré et de Kwame Nkrumah d'unir la Guinée et le Mali, il n'y avait aucun instrument juridique qui déterminait dans le détail les conditions de cette union. Il s'agissait d'une union virtuelle dans la mesure où il n'y avait « aucune ligne aérienne ou maritime directe entre les deux pays, aucune liaison téléphonique ou télégraphique entre Conakry et Accra. ». Pour conclure, Decraene avance que l'un « des éléments les plus sérieux d'explication de cet échec est-il l'incompréhension qui préside aux relations entre les noirs d'expression française et les noirs d'expression anglaise. La différence entre le système colonial britannique et le système colonial français semblent, en fait, avoir eu pour

---

[110] Vivian Lisanza (Afrique renouveau), *Le Swahili gagne en popularité dans le monde*, le 9 décembre 2021

[111] Mise en place le 23 novembre 1958.

[112] *Les dirigeants politiques d'Afrique noire restent favorables à la formule des groupements régionaux*, novembre 1963, p.8.

conséquence la création de deux « Afriques-Occidentales », étrangères l'une à l'autre. ». Il ressort de ce qui précède que l'atteinte des objectifs de la deuxième aspiration de l'Agenda 2063 de l'UA exige des États qu'ils tirent les leçons de certains échecs et qu'ils se donnent les moyens et surtout la volonté de respecter les calendriers de l'intégration. Rien n'empêche certains États, qui le décident, d'aller plus vite que les autres dans la voie de l'intégration, en montrant les premiers l'exemple.

IV. Autonomie en matière de défense et de sécurité

Des années 1960 à nos jours, la conflictualité en Afrique reste une donnée permanente. Des conflits territoriaux, on est passé aux guerres civiles (à caractère ethnique et religieux) aux conflits générés par le refus de l'alternance démocratique, avant de tomber aujourd'hui dans les guerres asymétriques portées par les mouvances djihadistes dans le Sahel ou dans le bassin du Lac Tchad, par exemple. Dans nombre de cas, ces conflits s'entremêlent, s'installent dans la durée et se complexifient. Au-delà d'acteurs africains, des acteurs étrangers s'invitent aussi dans ces conflits avec des agendas géopolitiques différents. Les uns pour y préserver leurs influences traditionnelles, les autres pour revenir en force dans le continent ou y créer de nouveaux espaces d'influence. La permanence des conflits et l'existence des germes de nouvelles conflictualités dans le continent, sapent non seulement les efforts de développement des États africains, mais aussi et surtout leur objectif d'unité. Plus spécifiquement, ces conflits empêchent le continent d'apparaitre comme un continent « en paix et en sécurité », comme l'envisage la quatrième aspiration de l'Agenda 2063 de l'Union africaine.

Dans ce chapitre, il sera donc question d'analyser les principales formes de conflits qui sévissent dans le continent et leur extraordinaire complexité, de décrire et d'interroger le recours des États africains aux acteurs étatiques et non étatiques dans le cadre de la défense de leur territoire, enfin, de présenter la politique africaine de défense commune comme l'incontournable voie pour bâtir l'autonomie stratégique africaine en matière de défense et de sécurité

1. Formes et complexité des conflits

L'Afrique est marquée par deux grandes formes de conflits, les conflits internes et les conflits interétatiques. Il y a aussi le cas spécifique du djihadisme islamique, qui est un conflit asymétrique.

1.1. Conflits internes

Ils résultent en particulier de la pression démocratique du début des années 1990, de l'effondrement de l'État et de la confiscation du pouvoir par la classe dirigeante et de l'accès aux ressources sur fond de rivalités ethnoreligieuses.

1.1.1. Pression démocratique

Au tournant des années 1990, sous l'effet d'événements extérieurs (effondrement du mur de Berlin et conférence franco-africaine de la Baule), un nouveau vent, celui de la démocratie a soufflé avec force en Afrique, renversant tout sur son chemin. Il a remis en cause l'ordre ancien et la légitimité des partis uniques. Les tenants du pouvoir, malgré ces profonds changements, ont souvent adopté une attitude de résistance face aux exigences démocratiques des peuples, car, pour la majorité d'entre eux, la démocratie signifie des élections libres pouvant faire changer de camp le pouvoir politique et surtout la possible fin des privilèges liés à la détention exclusive de ce pouvoir. Les tensions sociopolitiques produites par ces changements ont pris dans certains pays des formes particulièrement violentes. Ce fut, par exemple, le cas au Mali, où le président Moussa Traoré, au pouvoir depuis 1968, réprima dans le sang, le mouvement des prodémocraties qui réclamaient le changement. Compte tenu de l'ampleur de la crise, Moussa Traoré est renversé en 1991 par une junte dirigée par le Lieutenant-colonel Amadou Toumani Touré.

1.1.2. Effondrement de l'État

Il peut être source de violences chroniques dans un pays. La Libye est un exemple à cet égard. L'effondrement de l'État libyen en 2011 résulte de la combinaison de trois facteurs : le printemps arabe, le réveil des rancœurs tribales dans la société et l'intervention armée franco-britannique. Outre l'ingouvernabilité de la Libye, cet effondrement a porté un énorme coup sur la sécurité des voisins de la Libye en Afrique subsaharienne.

Le premier facteur qui a conduit à l'effondrement de l'État en Libye est donc le printemps arabe, qui démarre en 2010 dans la ville de Sidi Bouzid (Tunisie). En signe de protestation contre la confiscation de ses fruits, le jeune commerçant ambulant, Mohamed Bouazizi, né en 1984, s'immole publiquement par le feu le 17 décembre 2010. Cet acte déclenche une vague de contestations dans tout le pays, qui finira par chasser du pouvoir en janvier 2011, l'autocrate Zine El-Abidine Ben Ali, président depuis 1987. C'est en Arabie Saoudite qu'il trouve refuge. Après la Tunisie, c'est le tour de l'Égypte où le Président Hosni Moubarak règne en maître incontestable depuis 1981, d'entrer en scène. La place « Tahrir » dans la capitale, Caire, sert de lieu de ralliement à tous ceux qui contestent son régime. Malgré la forte répression des manifestants par une police aux ordres du pouvoir, Hosni Moubarak n'aura, en février 2011, un autre choix que la démission.

Jusque-là sûrs d'eux-mêmes, les gouvernements des pays arabes jettent tour à tour du lest, pour se maintenir. Les promesses qu'ils tiennent concernent des « subventions aux denrées de première nécessité (Algérie), baisse du prix du carburant (Syrie), augmentation des retraites et dissolution du gouvernement al-Rifa'i (Jordanie), distribution de « cash » (4 milliards de $ au Koweït), promesse libyenne de débourser des milliards de dollars pour construire des logements sociaux, promesse du Premier ministre irakien al-Maliki de ne pas briguer un troisième mandat, engagement du yéménite, Ali Abdallah Saleh, de ne pas briguer un autre mandat, etc.[113] ».

Mais rien n'arrêtera la colère de la rue arabe. Revigorés par ce qui se passe en Égypte et en Tunisie, les opposants au régime de Mouammar Kadhafi firent entrer la Libye en février 2011 dans la spirale des contestations, à partir de Benghazi. Au printemps arabe, qui touche la Libye, s'ajoute le réveil des rancœurs tribales comme deuxième facteur d'effondrement de l'État en Libyen. Il faudra retourner à la naissance de ce pays en tant qu'entité souveraine pour comprendre, d'une part, les dynamiques qui expliquent les rapports entre les tribus qui la composent, et d'autre part, le délitement de ces rapports au détriment de Mouammar Kadhafi en 2011, date de sa chute.

En tant qu'entité souveraine, la Libye est née de la constitution du 7 octobre 1951. Cette constitution institue une monarchie fédérale composée de trois provinces : la Tripolitaine à l'ouest, la Cyrénaïque à l'est et le Fezzan, au sud. Mohammed Idris El-Mahdi El-Sanussi, Idriss 1er, est

---

[113] Khader, Bichara, *La Tunisie fut-elle l'hirondelle qui annonçait le printemps arabe ?* revue Outre-Terre, vol 29, n°3, 2011, pp. 177-192.

proclamé roi de cette fédération le 24 décembre 1951[114]. Idriss 1er est le petit-fils de Mohammed Ibn Ali As-sanousi, fondateur de la Senoussiya à la Mecque en 1837. La Senoussiya est une confrérie religieuse et politique qui a eu ses lettres de noblesse dans la lutte anticoloniale en Libye. Cette lutte conférera à Idriss 1er, la figure d'un véritable nationaliste, capable de fédérer les tribus qui composent la Libye vers l'indépendance. Très rapidement, des tendances centralisatrices de la monarchie apparaissent dès la découverte des gisements de pétrole en Libye, en 1962. Un an plus tard, le 25 avril 1963, une loi constitutionnelle mettra fin au fédéralisme libyen, en remplaçant les provinces par les unités administratives.

Dans la Libye indépendante, le fait tribal apparait comme une donnée tangible. Le roi Idriss 1er est obligé de composer avec les différentes tribus pour asseoir son pouvoir. Ceci, à cause du fait que, dans cette monarchie, ce sont les tribus, et non les formations politiques ou les organisations de la société civile qui régulent la vie politique et sociale. En contrepartie de leur allégeance au roi, les représentants des tribus étaient appelés à occuper des positions privilégiées dans la haute administration. Ainsi, « La monarchie as-Sanusi avait donc délégué son pouvoir à des familles puissantes et du coup les postes ministériels n'étaient pas attribués aux plus compétents ou aux plus méritants, mais à ceux qui appartenaient à des réseaux de notables et à des réseaux tribaux.[115] ». Le clientélisme tribal avait infiltré l'appareil étatique à un point

---

[114] Pierre Rondot (Le Monde diplomatique), *Après douze ans de fédéralisme, un État unitaire a été constitué pour accroitre l'efficacité du pouvoir central,* octobre 1968, page 24.

[115] Mohamed Ben Lamma (Observatoire du monde arabo-musulman et du Sahel), *La structure tribale en Lybie : facteur de fragmentation ou de cohésion ?* juillet 2017.

tel que les tentatives de réforme voulues par le Roi ne rencontrèrent guère de succès. C'est dans ce contexte de déliquescence de la monarchie qu'apparu le 1er septembre 1969, le tombeur du Roi Idriss 1er, un jeune capitaine de l'armée, Mouammar Kadhafi, membre de la tribu des Kadhafa. Une tribu moins nombreuse et peu influente jusque-là. S'inspirant de Gamal Abdel Nasser, auteur du coup d'État qui a renversé en juillet 1952, le Roi Farouk 1er en Égypte, Kadhafi s'emploie à mettre son pays à l'heure du socialisme arabe. Dans cette nouvelle lancée, il fera tout pour neutraliser l'influence tribale dans la gestion de l'État, en remplaçant les chefs régionaux par les membres du Conseil du commandement révolutionnaire. Mohamed Ben Lamma explique que « Les tribus ont été forcées de se déplacer afin de briser leurs alliances ; les frontières administratives ont été redessinées pour partager certaines tribus, pour les brasser avec des fragments de plusieurs tribus au sein de nouvelles unités administratives. Kadhafi a même tenté de créer une nouvelle identité et une fidélité d'État qui dépasserait la fidélité tribale. ».

La réorganisation par Kadhafi du pouvoir politique dans son pays, à travers sa « Troisième voie », aura pour effet d'atténuer fortement, dans les années 70, l'influence des tribus dans l'espace public[116]. Mais dans les années 90, on

---

[116] Bien que reconnaissant l'importance de la famille et de la tribu dans la société, le *Livre vert de Kadhafi* publié pour la première fois en 1975 sert de guide politique et démocratique à la Jamahiriya arabe libyenne populaire et socialiste mise en place en 1977. Cette voie de promotion de la démocratie directe est présentée comme une alternative au capitalisme et au communisme. Selon un article de Florence Gaub, *Libye : le rêve de Kadhafi devient-il réalité ?,* dans Politique étrangère 2012/3 (Automne), pp.645 à 657, cinq principes caractérisent la troisième voie : *a) l'abrogation de toutes les lois réactionnaires ; b) la purge des déviants politiques et des forces contre-révolutionnaires (communistes, capitalistes et Frères musulmans) ; c) la distribution*

assiste au retour en force des tribus dans la vie publique et politique. Kadhafi s'allie aux grandes tribus du pays : les Warfallah et les Magariha. À l'intérieur, Kadhafi devait beaucoup sa survie à son art de gérer, à son profil, les relations entre les différentes tribus. Ainsi, écrit Mohamed Ben Lamma, « Grâce à son alliance avec les tribus les plus puissantes, il a joué des divisions internes pour promouvoir certains clans ou quelques personnalités, parfois inférieures en termes de rang, mais qui ont pris alors un ascendant soudain pour le maintien du régime. ». À la différence des pays comme la Tunisie et l'Égypte, ce ne sont pas les partis politiques ou la société civile qui ont pris en Libye l'initiative de renverser le régime de Kadhafi. Ce sont les tribus, véritables forces politiques et sociales, qui ont pris cette initiative en lançant une insurrection contre Kadhafi depuis Benghazi. Les rancœurs accumulées notamment par les tribus Warfallah et Magariha étaient devenues trop importantes. De 1975 à 1993, la tribu dont est issue Kadhafi, les Qadhadfa était en bonne intelligence avec la tribu Warfallah. Les membres de cette tribu occupaient des postes importants dans l'appareil étatique, notamment dans la diplomatie et l'armée. Mais en 1993, les jeunes officiers Warfallah, confiants, essayèrent, en vain, de mener une insurrection contre Kadhafi. La réaction de ce dernier fut terrible : « procès, exécutions de militaires de haut rang, pendaisons de civils, démolition des maisons des officiers impliqués dans le complot en présence des familles concernées qui furent interdites d'école, privée d'eau et d'électricité. Cela a provoqué un contrecoup des Warfallah de Bin Waled. En représailles à cette tentative de destitution forcée, le régime avait basculé à l'époque dans une répression aveugle qui ne tarda pas à susciter à partir de ce

---

d'armes aux masses révolutionnaires ; d) l'instauration d'une révolution bureaucratique et administrative ; et e) la proclamation d'une révolution culturelle.

moment le délitement progressif des alliances tribales (Warfallah, Qadhadfa et Magariha) sur lesquelles reposait le système de Kadhafi » écrit, selon Ben Lamma. Lors de l'insurrection de 2011, la notabilité des Warfallah, tribu majoritaire, déclarera que Kadhafi n'est plus un frère. À cette opposition, il convient d'ajouter les rancœurs de toutes les tribus malmenées par Kadhafi sous son règne, surtout celles de la Cyrénaïque, qui ne lui ont pas pardonné le fait d'avoir renversé le Roi Idriss 1er en 1969.

Malgré tout, l'alliance entre les Qadhadfa et les Margariha survivra jusqu'à la chute de Kadhafi. En effet, de nombreux cadres de la tribu Margariha occupaient des postes stratégiques dans le pays. Il s'agissait en particulier du Colonel Abdullah al-Sanussi, puissant patron des services de renseignements de la Jamahiriya et d'Abdessalam Jalloud, Premier ministre, de 1972 à 1977 et ami d'enfance de Kadhafi.

Compte tenu de l'importance grandissante de l'insurrection dans le pays malgré sa violente répression par le régime, Kadhafi était finalement aux abois, d'autant plus qu'il ne bénéficiait plus du soutien de l'ensemble des tribus qui composent son pays[117]. Tous les ingrédients étaient réunis pour la chute de Kadhafi. Et c'est dans ce contexte qu'une force internationale est intervenue en Libye.

Enfin le troisième facteur qui a conduit vers l'effondrement de l'État en Libye est la chute de Mouammar Kadhafi, facilitée par l'intervention armée franco-britannique, en 2011. Cette intervention trouve son fondement légal dans la Résolution 1973 (2011) du Conseil de Sécurité des Nations Unies. Au cours de sa 6498e

---

[117] Marc Semo (Libération), *Un dictateur aux abois lâché par les tribus*, le 23 février 2011.

session, le Conseil, agissant en vertu du chapitre VII de la Charte des Nations Unies, autorise, dans son paragraphe 4, « les États membres qui ont adressé au Secrétaire général une notification à cet effet et agissent à titre national ou dans le cadre d'organismes ou d'accords régionaux et en coopération avec le Secrétaire général, à prendre toutes mesures nécessaires (...) pour protéger les populations et zones civiles menacées d'attaque en Jamahiriya arabe libyenne, y compris Benghazi, tout en excluant le déploiement d'une force d'occupation étrangère sous quelque forme que ce soit et sur n'importe quelle partie du territoire libyen (...). ».

Le paragraphe 6 de la Résolution instituait une zone d'exclusion aérienne en Libye afin de protéger les civils. Les vols permis étaient les vols à but humanitaire et les vols effectués dans le cadre de la réalisation des objectifs visés par le paragraphe 4, à savoir la protection des civils. La même Résolution, dans ses paragraphes 13 et 19, renforçait l'embargo sur les armes à destination de la Libye et procédait au gel des avoirs libyens à l'étranger. Toutefois, si le paragraphe 4 de la Résolution permettait aux États de prendre les mesures coercitives qu'exige la protection des civils, il n'autorisait cependant pas l'assassinat de Kadhafi. Or ce qui fut fait le 20 octobre 2011. L'attaque par l'OTAN, à Syrte, du convoi dans lequel se trouvait Kadhafi a soulevé de nombreuses questions sur le dépassement par cette organisation de son mandat, qui consistait exclusivement à protéger les populations civiles. Si l'OTAN se défend d'ignorer la présence de Kadhafi dans le convoi, la diplomatie russe, quant à elle n'avait pas hésité à questionner l'action de l'OTAN dans la mort de Kadhafi[118].

[118] Jeune Afrique (AFP), *Mort de Kadhafi : critiquée par la Russie et l'ONU, l'OTAN rend compte de son attaque,* le 22 octobre 2011.

L’effondrement de l’État en Libye a produit d’importantes conséquences sécuritaires tant sur la société elle-même que sur ses États voisins du sud. En effet, l’effondrement définitif de l’État en Libye par l’élimination physique de Kadhafi a plongé la société dans un chaos indescriptible tout en la rendant ingouvernable. L’organisation de la vie politique en Libye était construite sur la base des interactions entre les tribus, qui tantôt s'alliaient à Kadhafi, tantôt s'en détournaient, le tout selon leurs propres intérêts. Par la férocité de son régime, Kadhafi était le garant d'une stabilité factice dans son pays. Son assassinat a eu pour effet de faire sauter le couvercle qui cachait les conflits entre les tribus. La Libye est encore dans l’œil du cyclone. Elle est divisée entre deux gouvernements. Le gouvernement de l’ouest, basé à Tripoli, est dirigé depuis 2021 par Mohammed el-Menfi[119], et le gouvernement de l’est, basé à Benghazi, est dirigé par maréchal Khalifa Haftar. Chaque gouvernement a ses appuis extérieurs. Le gouvernement de Mohamed el-Menfi est notamment soutenu par l’Algérie[120] et la Turquie. Celui d’Haftar, est soutenu par la Russie. Haftar avait eu recours en 2019 et en 2020 aux services des paramilitaires russes du Groupe Wagner dans sa tentative de s’emparer de Tripoli[121]. On compte également parmi ses soutiens, l’Égypte et les Émirats arabes unis. Selon une analyse de Violette Trégarot dans la revue Grip, ces pays, tout comme la France d’ailleurs, « considèrent que la lutte contre le terrorisme et l’endiguement des mouvements influencés par

---

[119] Il succède à Fayez el-Sarraj, désigné pour diriger le gouvernement d’union nationale, issu de l’accord signé le 17 décembre 2015 à Skhirat (ville Marocaine) entre les parties au conflit libyen. C’est ce gouvernement qui est reconnu par l’ONU.

[120] Algérie Presse service, *El-Menfi se félicite du noble soutien de l’Algérie à la Libye,* 1er octobre 2022.

[121] Jeune Afrique, *Le maréchal Haftar reçu par Poutine, une première depuis 2019*, le 29 septembre 2023.

les Frères musulmans impliquaient de soutenir Haftar.[122]». Au sujet de l'ambiguïté de la position française, Trégarot poursuit en écrivant ceci : « En dépit de déclarations officielles dans lesquelles l'exécutif français soutient le GUN basé à Tripoli, la France et ses alliés appuient de facto le maréchal Haftar dans l'espoir de voir émerger une Libye unifiée sous son autorité qui participerait à la lutte contre le terrorisme dans la région sahélo-saharienne. ». Face au blocage de la situation en Libye (aucune partie n'étant en mesure de l'emporter sur l'autre), un cessez-le-feu est signé entre les belligérants à Genève le 23 octobre 2020 sous l'égide de l'ONU. Le but est d'ouvrir la voie aux élections, afin de permettre les libyens de choisir librement leurs dirigeants. Prévue en 2021, la date de tenue des élections est repoussée aux calendes grecques. En effet, le gouvernement de l'Ouest s'oppose à ce que le maréchal Haftar soit candidat à cause de son statut de militaire et de sa double nationalité (il est libyen et américain à la fois).

Sur la sécurité de ses voisins du sud (Mali, Tchad, Niger, Tchad, Mauritanie, etc.[123]), l'effondrement de l'État en Libye a eu deux impacts majeurs : la volatilisation dans la nature de l'arsenal militaire libyen et le retour dans leur pays d'origine des Touaregs qui vivaient en Libye.

Échappant à tout contrôle après la chute de Kadhafi, l'arsenal militaire libyen s'est volatilisé dans la nature. Un rapport du Secrétaire général des Nations Unies d'alors,

---

[122] Grip, *Les écueils de la position de la France dans une Libye divisée : le soutien à Haftar et ses conséquences,* le 21 décembre 2023.

[123] Craignant pour la sécurité de leurs frontières, les pays du G5 Sahel (Mali, Mauritanie, Tchad, Niger et Burkina Faso) réunis à Nouakchott (Mauritanie) en décembre 2014 ont formellement demandé au Conseil de sécurité de l'ONU de mettre en place une Force internationale afin de neutraliser les groupes armés qui opèrent en Libye. Source : Jeune Afrique, *Les pays du G5 Sahel appellent l'ONU à intervenir en Libye,* le 19 décembre 2014.

Ban Ki-moon, permet de prendre la mesure du premier impact de l'effondrement de l'État en Libye. Le rapport indique que « La crise libyenne a exacerbé une situation déjà précaire sur le plan de la sécurité dans la région du Sahel. (...) un grand nombre d'armes et de munitions provenant des stocks libyens sont entrées clandestinement dans la région (...). Fonctionnaires nationaux et experts internationaux estiment qu'ont ainsi été introduits par contrebande des roquettes, des mitrailleuses équipées de viseur antiaérien, des fusils mitrailleurs, des munitions, des grenades, des explosifs (Semtex) et des pièces d'artillerie antiaérienne légère (calibres légers bitubes) montées sur véhicules. Ils n'excluent pas en outre que des armes plus sophistiquées, comme des missiles sol-air ou des systèmes antiaériens portables, puissent être transférées dans la région, sans toutefois apporter la preuve que de telles armes sont présentes ou ont été retrouvées.[124] ». Selon une enquête menée par le Conflict Armament Research (CAR), on a pu identifier en Côte d'Ivoire (avec les forces nouvelles) et en République centrafricaine (avec les ex-rebelles Séléka) des armes provenant de l'arsenal militaire libyen. Aussi dans le Sahel, ces armes se sont retrouvées, en grande partie, entre les mains des Touaregs, des organisations terroristes et criminelles et des groupes rebelles opposés à certains régimes en place. Toutefois, l'enquête indique que les flux d'armes vers le Sahel ont diminué à partir de 2014, à cause de leur interception par les autorités tchadiennes, nigériennes et algériennes et de leur rétention par les parties en conflit en Libye[125].

---

[124] Conseil de sécurité des Nations Unies, *Rapport de la mission d'évaluation des incidences de la crise libyenne sur la région du Sahel,* S/2012/42 du 18 janvier 2012. C'est le 23 novembre 2011 que Ban Ki-moon avait pris devant le Conseil de sécurité l'engagement de faire ce rapport.

[125] CAR, *Enquête sur les transferts d'armes transfrontaliers dans le Sahel*, novembre 2016.

Le second impact est le retour dans leur pays d'origine de nombreux Touaregs qui vivaient en Libye. Les Touaregs « font partie des peuples Imazeghan qui vivent dans le Sahara entre le Mali, le Niger, le Burkina Faso, l'Algérie et la Libye.[126]». Ils sont musulmans sunnites et non arabes. Leur langue est le Tamachek. Ils sont semi-nomades et vivent d'activités pastorales. Ceux qui se sont sédentarisés dans le Sahel vivent d'activités agricoles. Les Touaregs qui vivaient en Libye étaient soit des soldats de l'armée régulière libyenne, soit des mercenaires recrutés par Kadhafi pour faire face à la révolution qui le menaçait[127]. Mais, se rendant compte de la détermination des forces franco-britanniques face à Kadhafi, les Touaregs pro-Kadhafi sont repartis dans leur pays d'origine, après avoir acquis d'importantes expériences dans l'art de faire la guerre. Ce retour massif ne manquera pas de soulever de sérieuses inquiétudes pour la stabilité de toute la région du Sahel[128]. Ces inquiétudes n'étaient point dénuées de fondements. À partir de 2012, un an après la chute de Kadhafi, les rebelles Touaregs entamèrent des attaques armées contre les États du Sahel, créant ainsi une insécurité régionale qui retient encore l'attention du monde entier.

Au Mali, par exemple, tout a commencé avec la tenue par différentes associations Touareg (surtout estudiantines) du Congrès de Tombouctou, du 31 octobre au 1er novembre 2010. C'est de ce congrès qu'est né le Mouvement national de l'Azawad (MNA), malgré la forte opposition du

---

[126] Commission africaine des Droits de l'Homme et des Peuples, *Rapport du Groupe de travail de la Commission africaine sur les populations/communautés autochtones,* août 2005.

[127] Lauranne Provenzano (Jeune Afrique), *« Kadhafi recrute des Touaregs du Niger et du Mali pour combattre la révolution libyenne »*, le 2 mars 2011

[128] Pierre Boisselet (Jeune Afrique), *Des centaines de combattants touaregs pro-Kadhafi rentrent au Niger et au Mali*, le 30 août 2011.

gouvernement malien. La tenue du congrès provoquera une réaction très musclée du gouvernement malien contre les jeunes congressistes. Quelques congressistes seront mis aux arrêts et les manifestations organisées pour leur libération seront sévèrement réprimées par les autorités maliennes. Au lieu d'être découragées par la fermeté du gouvernement à leur égard, les associations formées par les jeunes étudiants Touaregs se sont plutôt enhardies. La politique répressive poursuivie par Bamako aura pour effet de donner « un sens concret aux discours du mouvement. Elle pousse les militants à transformer des frustrations individuelles qu'ils ont formulées dans les associations en un programme politique. Les étudiants fournissent des éléments cognitifs à la lutte, dessinant une carte de l'Azawad, créant un drapeau, proposant un projet politique, mettant par écrit une histoire commune et inventant un nouveau terme pour désigner les habitants de ce territoire : les Azawadiens.[129] ». Lors du congrès d'avril 2011, les jeunes influents du MNA mettent en place trois commissions. La première est chargée d'élaborer la carte géographique du nouvel État, l'Azawad. La deuxième commission sera chargée de la création du drapeau de cet État. Il s'agit d'un drapeau composé de trois couleurs : le noir qui représente la résistance à l'oppression malienne ; le vert, la liberté et le rouge symbolise les martyres qui ont donné leur vie pour l'Azawad. En ce qui concerne le désert et ses richesses, il est représenté par le triangle jaune qui surplombe ces couleurs. La troisième commission, quant à elle, sera chargée d'élaborer les règlements et de mettre en place les instances du MNA. Ces instances sont le conseil consultatif, le conseil révolutionnaire et le bureau politique.

---

[129] Denia Chebli (Noria rechearch), *Du MNA au MNLA, le passage à la lutte armée,* juin 2014.

Le courage des jeunes du MNA finira par leur attirer la sympathie et la solidarité de leurs ainés, ces ex-rebelles qui ont refusé d'intégrer l'armée malienne et qui sont installés depuis 1990 en Libye pour ce motif. Nombre d'entre eux rêvent de prendre leur revanche sur le Mali. Militairement équipés après l'assassinat de Kadhafi, ils retournèrent dans le nord du Mali en 2011. Enfin, le 15 octobre 2011, plusieurs groupes Touaregs, le Mouvement national de l'Azawad (MNA) et le Mouvement touareg du nord Mali (MTNM) fusionnent pour donner naissance au MNLA (Mouvement National de Libération de l'Azawad). Tout en gardant les structures du MNA, le MNLA comprend une branche militaire, ce qui en fait un mouvement politico-militaire. Ainsi, le 17 janvier 2012, le MNLA déclare la guerre à l'État malien après l'attaque de la garnison de Ménaka[130].

1.1.3. Confiscation du pouvoir, mal gouvernance et accès aux ressources sur fond de rivalités ethnoreligieuses

Confiscation du pouvoir

Le refus de l'alternance démocratique est à l'origine d'une grande instabilité dans le continent. Sur les 55 États souverains d'Afrique, rares sont les pays qui admettent cette alternance. Selon un rapport de l'Economist Intelligence Unit en 2022[131], environ 7 pays en Afrique

---

[130] Camille Dubruelh (Jeune Afrique), *Nord-Mali : des rebelles Touaregs attaquent Ménaka,* le 17 janvier 2012.

[131] Cette entreprise qui est une filiale de The Economist Group (un groupe britannique), compile les données sur l'état de démocratie dans le monde depuis les années 2000.

vivent dans un régime de démocratie[132] : Ile Maurice, Botswana, Afrique du Sud, Namibie, Ghana et Lesotho. Les autres États sont, soit dans un régime hybride entre démocratie et autoritarisme, soit dans un régime autoritaire. Ces 7 pays constituent des pôles de stabilité dans le continent à cause de leurs pratiques démocratiques[133]. Selon une étude du Centre d'études stratégiques de l'Afrique (CESA), « La démocratie et la sécurité sont étroitement liées en Afrique. La manière dont les dirigeants prennent le pouvoir et leur redevabilité ont des implications directes sur la sécurité des citoyens. ».

Force est de constater que, dans la majorité des cas, les dirigeants africains sont des autocrates qui contournent les règles de l'alternance démocratique pour se pérenniser au pouvoir. Ainsi, indique la même étude, « l'incapacité à résoudre les questions de partage de pouvoir, de participation inclusive, de freins sur les abus de pouvoir et sur la succession au pouvoir sont la source de nombreux conflits. ». Selon le Professeur Matthieu Fau-Nougaret, « Le coup d'État classique est celui mené afin de renverser l'ordre constitutionnel existant, le coup d'État constitutionnel est celui mené par un des organes de l'ordre constitutionnel existant (l'exécutif) afin de modifier ce dernier. Cela étant, dans les ordres juridiques d'Afrique francophone, ce coup d'État constitutionnel ne peut avoir lieu qu'avec la complicité d'autres organes de l'ordre constitutionnel existant, et le plus souvent les cours constitutionnelles. Quel que soit le nom donné à ces dernières, les ordres constitutionnels internes leur ont donné les voies et moyens juridiques de pouvoir accepter ou non les modifications constitutionnelles souhaitées par

---

[132]Agence Ecofin, *« Classement des pays les plus démocratiques d'Afrique en 2022, selon l'EIU »,* le 6 février 2023.

[133] D'après les statistiques de cette étude, la Guinée occupe le 43e rang après le Soudan et avant le Burundi.

l'exécutif. Or, rares sont celles ayant exercé ce pouvoir de refus.[134]». Dans certains pays, les coups d'État constitutionnels ont conduit aux coups d'État militaires. C'est le cas par exemple du Burkina Faso[135] et de la Guinée[136] en Afrique de l'Ouest. Qu'ils soient constitutionnels ou militaires, ces coups de force pour conserver ou acquérir le pouvoir, créent de vives tensions au sein des États et entre les États, tant au niveau régional (CEDEAO, par exemple) que continental (UA).

Dans la zone de la CEDEAO, par exemple, les coups d'État constitutionnels et militaires perpétrés ont non seulement divisé en deux camps, la Conférence des Chefs d'État et de gouvernement sur l'interprétation à donner au Protocole de l'organisation sur la « démocratie et la bonne gouvernance » de décembre 2001, mais aussi, ils ont conduit certains États membres à s'y retirer. Sur cette interprétation, on observe que la Conférence fait une application sélective et différenciée de la règle qui interdit la « rupture de la démocratie par quelque procédé que ce soit » (article 45 du Protocole). Elle est plus prompte à réagir par des sanctions économiques, politiques et autres (menace de recourir à la force avec l'appui de forces

---

[134] Matthieu FAU-NOUGARET, Maître de conférences en Droit Public, Université de Bordeaux, *Manipulations constitutionnelles et coup d'État constitutionnel en Afrique francophone,* le 30 novembre 2015.

[135] Après 27 ans au pouvoir, le président Compaoré porte en octobre 2014 un projet de réforme constitutionnel qui lui permet de briguer en 2015 un autre mandat. Excédés par les manœuvres de leur président, les Burkinabés investissent la rue, ce qui permet à l'armée de s'emparer du pouvoir.

[136] Démocratiquement élu président de la République en 2010 et réélu en 2015, Alpha Condé réussira ensuite à faire adopter en 2020 par referendum, dans des conditions fort contestées par son opposition politique, une nouvelle constitution qui lui a permis de briguer un troisième mandat de 6 ans. En septembre 2021, il est renversé par un groupe de militaires ayant à sa tête le Colonel Mamadi Doumbouya.

extérieures[137]) lorsque cette rupture est réalisée par une junte. Mais lorsqu'elle est réalisée par un pouvoir civil, notamment par le biais des manipulations constitutionnelles, la CEDEAO reste plutôt de marbre. Ce double standard appliqué dans l'interprétation de l'article 45 du Protocole a atteint son point d'orgue en 2023, lorsque certains régimes civils de la Communauté (le Nigeria en tête) ont envisagé de renverser la junte au pouvoir au Niger par la force. Cette menace a non seulement favorisé la radicalisation des régimes militaires de la Communauté et conduit à la mise en place en septembre 2023 par le Niger, le Mali et le Burkina Faso de l'Alliance des États du Sahel (AES). Dans sa stratégie, l'AES s'inspire de l'article 5 du traité de l'Atlantique Nord qui met en place l'OTAN. L'article précité considère que toute attaque extérieure contre un État membre de l'Alliance est une attaque contre tous les membres, nécessitant une réaction collective de l'Alliance. Au-delà du strict aspect militaire, ce trio d'États ne manque pas d'initiatives d'intégration aussi dans les domaines monétaire (projet de création d'une monnaie commune « le Sahel ») et politique (projet de création d'une

---

[137] Le renversement au Niger, en juillet 2023, du président Mohamed Bazoum, démocratiquement élu en 2021 par une junte militaire, a par exemple conduit la France à adopter une attitude de grande fermeté envers les nouvelles autorités militaires de ce pays. Cette fermeté n'excluait pas un appui à l'option militaire brandie un moment par le camp belliciste de la CEDEAO (Nigeria, Côte d'Ivoire et Sénégal) pour rétablir Bazoum. En effet, au regard de l'importance du Niger (sous la gouvernance de Bazoum) pour la défense des intérêts de l'occident (France et États-Unis) dans le Sahel et en Afrique de l'Ouest, il était difficile pour la France en particulier, d'abandonner Bazoum à son sort. En le faisant, elle risquait de donner un mauvais signal à ses alliés dans la région. Aussi, un recul de sa part serait considéré par ses alliés comme une sorte d'abdication devant la Russie qui n'attend que son départ pour s'installer dans son pré carré. Source : Youssouf Sylla (guineenews), *Crise au Niger : Les dessous géopolitiques et économiques qui balkanisent l'Afrique de l'Ouest*, le 15 août 2023.

fédération d'États). Une autre étape de la crise entre les membres de cette Alliance et la CEDEAO a été franchie le 28 janvier 2024 lorsque, dans un communiqué conjoint, ses trois membres ont annoncé leur retrait de la CEDEAO avec effet immédiat[138]. Finalement, c'est le 29 janvier 2025 que les trois membres de l'Alliance cesseront définitivement d'être membres de la CEDEAO[139].

Pour ce qui est de l'UA, il faut dire qu'autant la CEDEAO est divisée sur l'interprétation de son Protocole sur la démocratie, autant l'UA l'est aussi sur la portée de la « Charte africaine de la démocratie, des élections et de la gouvernance ». Selon l'article 23 de cette Charte, il y a changement anticonstitutionnel dans un État membre de l'Union, lorsqu'un des critères suivants est rencontré : un putsch ou coup d'État contre un gouvernement démocratiquement élu, une intervention de mercenaires pour renverser un gouvernement démocratiquement élu, une intervention de groupes dissidents armés ou de rebelles pour renverser un gouvernement démocratiquement élu, tout refus du gouvernement de remettre le pouvoir à un candidat élu à la suite d'une élection libre et régulière et toute révision constitutionnelle qui porte atteinte au principe de l'alternance démocratique. Comme la CEDEAO, l'UA est toujours muette face à une révision constitutionnelle qui porte atteinte au principe de l'alternance démocratique. La discorde sur ce sujet, entre les États qui forment l'UA, est apparue au grand jour lors du double sommet de l'UA à Malabo (Guinée Équatoriale Malabo) en mai 2022 sur les thèmes suivants : « crises humanitaires et le terrorisme » et « changements anticonstitutionnels de gouvernements ». Ce double

---

138 Youssouf Sylla (guineenews), *Indispensable mue de la CEDEAO,* le 6 février 2024

139 Cette décision est prise au cours du 66e sommet ordinaire de la CEDEAO tenu à Abuja (Nigeria).

sommet n'a donné lieu à aucun communiqué des chefs d'État. Selon la presse, « les dirigeants africains sont repartis en catimini dans leur pays en soirée. Cérémonie et discours de clôture, pourtant annoncés, n'ont pas eu lieu, ce qui laisse présager une absence de consensus … [140]».

Toutefois, dans son discours, M. Moussa Faki Mahamat, président de la Commission de l'UA, ne manquera pas d'établir une relation entre le retour des « coups d'État militaires » et ce qu'il qualifiera de « coup d'État rampant », c'est-à-dire, « les modifications de constitutions aux fins de confiscation du pouvoir ». Selon M. Faki, étant donné que ces modifications constitutionnelles bloquent toute possibilité d'alternance, elles débouchent alors dans certains cas sur les coups d'État militaire acclamé par les populations. In fine, ces différentes formes de coups d'État (civils et militaires) empêchent les peuples africains de respirer à plein poumon l'air de liberté et de démocratie, jettent nombre de pays dans l'incertitude et compromettent la réalisation de la troisième aspiration[141] de l'Agenda 2063 de l'UA.

Une autre forme de confiscation du pouvoir en Afrique est la main mise d'un groupe ethnique sur le pouvoir. Dans certains cas, cette forme de discrimination conduit, comme en a pu le constater au Rwanda, au drame. Lorsque le 6 avril 1994, le président rwandais, Juvénal Habyarimana, de l'ethnie hutue, trouve la mort dans l'attaque de l'avion qui le transportait, le lendemain, les Hutus s'attaquèrent aux Tutsis, jugés responsables de cette attaque, pour venger la mort du président tué. Il s'agit du génocide des Tutsis qui se déroulera d'avril à juillet 1994. Près d'un million de

---

[140] Africanews, *Malabo : le Sommet de l'Union africaine se clôture sans cérémonie,* le 30 mai 2022

[141] « Une Afrique de bonne gouvernance, de respect des droits de l'homme, de justice et d'État de droit. ».

personnes furent assassinées au cours de ce conflit interne, sans compter les blessés et les femmes violées.

Mal gouvernance

Elle peut dans certains cas, comme au Mali en 2020, déboucher sur une révolution du palais. La gestion « clanique » du pouvoir dans ce pays, par Ibrahim Boubacar Keita (IBK), démocratiquement élu en 2013 et réélu en 2018, a conduit la société civile, à travers le Mouvement du 5 juin-Rassemblement des Forces Patriotiques (M5-RFP), à organiser des manifestations monstres qui réclamaient son départ. Le M5-RFP est issu de la convergence de plusieurs associations[142] qui avaient en commun, la demande de démission du président IBK. Réservant des réponses dilatoires aux demandes de réforme de la cour constitutionnelle, de dissolution de l'Assemblée nationale et de formation d'un gouvernement d'union nationale contenues dans le mémorandum du M5-RFP[143], ce mouvement passa, courant juin et juillet 2020 à la vitesse supérieure, en appelant à des manifestations. Selon The Conversation, « la manifestation du 10 juillet a fortement dégénéré sur le terrain (...). La plus emblématique des violences commises par les manifestants ce jour-là reste le saccage de l'Assemblée nationale, qui fut totalement pillée et incendiée. La réponse des autorités à la fronde fut jugée violente et disproportionnée, car ayant causé des morts (23 selon le M5-RFP, 11 selon les autorités maliennes) et

---

[142] Il s'agit de la Coordination des mouvements et associations sympathisants de l'Imam Mahmoud Dicko (CMAS), du mouvement Espoir Mali koura (EMK) et du Front pour la sauvegarde de la démocratie (FSD).

[143] Ce mémorandum, en neuf points, dit le journal Mali Jet dans son édition du 6 juillet 2020, est une aubaine pour IBK, avant de s'interroger si le président de la République va-t-il encore se laisser berner par les agitateurs de son camp ?

une centaine de blessés. Dans ce climat de fortes tensions, plusieurs des leaders du M5-RFP ont été mis aux arrêts par le pouvoir. La situation avait atteint un point de non-retour. [144]». Face au blocage de la situation politique, certains membres influents du M5-RFP appellent l'armée à prendre ses responsabilités pour éviter au pays, le pire. Ainsi, dans la nuit du 18 au 19 août 2020, IBK est arrêté par les militaires et contraint de présenter sa démission. Les militaires annoncent la création d'un « Comité national pour le salut du peuple » et déclarent leur volonté de mettre en place une transition politique civile devant conduire à la tenue d'élections dans un délai raisonnable[145].

Accès aux ressources sur fond de rivalités ethnoreligieuses

Le conflit au Soudan a la particularité de combiner à la fois les questions d'accès aux richesses et les questions ethniques. Doublement colonisé par l'Égypte et le Royaume-Uni, le Soudan accède à l'indépendance en 1956. De 1955 à 1972, ce grand pays africain (le troisième en superficie, après l'Algérie et la RDC) avec plus de 40 millions d'habitants, vit déjà sa première guerre civile qui oppose le nord du pays et à son sud[146]. Marqué par la culture arabe, le nord est musulman et tourné vers l'Égypte. Le sud, qui réclame son indépendance par rapport au nord, est quant à lui chrétien et marqué par la culture britannique. L'accord signé entre ces deux parties en 1972 à Addis-Abeba (Éthiopie) pour mettre fin à la guerre érige le sud du Soudan

---

[144] *La chute inéluctable du président malien Ibrahim Boubacar Keita,* le 20 août 2020.

[145] Jeune Afrique, *Coup d'État au Mali : Ibrahima Boubacar Keita démissionne sous la pression,* le 19 août 2020.

[146] Rodriguez Gomes (The Conversation), *Soudan et Soudan du Sud : contexte et historique des conflits actuels,* le 11 décembre 2023

en une région autonome à l'intérieur du Soudan. Le non-respect de cet accord débouche en 1983 sur la deuxième guerre civile soudanaise.

Cette guerre ne prendra fin qu'en 2005 avec la reconnaissance totale de l'autonomie du sud Soudan. L'attachement du sud à son autonomie conduit à l'organisation d'un referendum qui consacre la création, le 9 juillet 2011, de la République du Soudan du Sud (qui concentre à lui seul l'essentiel des ressources pétrolières du pays) aux côtés de la République du Soudan. Dans l'ouest du pays, dans le Darfour, éclate, en 2003, un autre conflit fratricide, la troisième guerre soudanaise, entre les tribus arabes (les Janjawids) et les tribus noires africaines, non arabes. Le gouvernement central s'appuie alors sur les Janjawids pour réprimer dans le sang les tribus noires africaines. Il s'agit d'une guerre qui a « révélé et aggravé une fracture entre Arabes et non-Arabes » selon Jérôme Tubiana[147]. Contre le président en exercice au Soudan pendant ce conflit, Omar Hassan Ahmad Al Bashir, le bureau du procureur, Luis Moreno-Ocampo, de la Cour pénale internationale (CPI) avait émis deux mandats d'arrêt (le 4 mars 2009 et le 12 juillet 2010[148]). C'est finalement le 3 septembre 2020 que la guerre de Darfour prendra fin après

---

[147] *Le Darfour, un conflit pour la terre ?* revue Politique africaine, N° 101(1), 2006, p. 111-131.

[148]Cinq chefs de crimes contre l'humanité sont formulés à l'encontre de l'accusé : meurtre, extermination, transfert forcé, torture et viol ; deux chefs de crimes de guerre : le fait de diriger intentionnellement des attaques contre une population civile en tant que telle ou contre des personnes civiles qui ne participent pas directement aux hostilités, et pillages ; trois chefs de génocide : pour meurtre, pour atteinte grave à l'intégrité physique ou mentale, et pour soumission intentionnelle de chaque groupe ciblé à des conditions d'existence devant entraîner sa destruction physique. Source : *CPI, le Procureur c. Omar Hassan Ahmad Al Bashir.*

la signature d'un accord de paix entre les belligérants. Le bilan de cette guerre reste cependant gravé dans la mémoire collective : plus de 300 000 morts et plus de 3 millions de personnes jetées sur le chemin de l'exil[149]. L'accord de paix signé met sur la table tous les sujets qui étaient à l'origine du conflit : le partage du pouvoir, l'accès à la terre pour les peuples nomades, le retour des réfugiés, la réparation des préjudices, etc. Enfin, depuis le 15 avril 2003, le Soudan est engagé dans sa quatrième civile. Cette guerre est issue de la dislocation de l'entente entre les deux généraux (Abdel Fatah Al-Bourhane à la tête de l'armée régulière et Mohamed Hamdan Daglo, dit « Hemetti » à la tête des paramilitaires des Forces de soutien rapide, respectivement président et vice-président du Conseil qui dirige le pays) tombeurs d'Omar Al Bashir (leur ancien mentor), le 11 avril 2019[150]. Le bilan de cette « effroyable guerre oubliée [151] » selon les mots d'Ahmed Rahma, qui se déroule en grande partie dans la capitale Khartoum, est sans appel : Plus de 18 000 personnes tuées, environ trois millions d'exilés, dont 28% au sud Soudan et 24% au Tchad, plus de 11 millions de déplacés internes et environ 14 millions d'enfants sans assistance[152].

Le Soudan du Sud n'est pas non plus en paix. Depuis 2013, deux ans après son indépendance, ce pays riche en pétrole était aussi plongé jusqu'en 2018 dans un conflit

---

[149] Jean-Marc Four, (Franceinfo), *Un accord de paix après 17 ans de guerre au Soudan,* le 5 octobre 2020.

[150] Frappé par des sanctions internationales et durement affecté par l'indépendance du Soudan du Sud, qui concentre à lui seul plus de 70% des ressources pétrolières du pays, le régime d'Omar Al Baschir était aux abois. Ne pouvant plus satisfaire les besoins de la population, celle-ci enclenche courant 2018 une série de manifestations contre ce régime qui finira par craquer. Une junte militaire s'installa alors au pouvoir.

[151]Le Monde du 10 septembre 2024.

[152] ONU, *L'ONU et la crise au Soudan,* le 13 novembre 2024.

meurtrier entre différents groupes armés pour le partage du pouvoir. Avec des relents ethniques, ce conflit a fait, selon l'ONG Médecins sans frontières « plus de 1, 5 millions de déplacés dans le pays et près 2,2 millions de réfugiés dans les pays voisins, notamment en Ouganda. [153]». L'accord de paix signé entre les belligérants prévoyait la constitution d'un gouvernement d'union nationale de transition, chargé de conduire le pays vers des élections libres en 2024. Mais la terrible crise financière que traverse le pays jette un important doute sur la tenue de ce calendrier. En effet, l'un des oléoducs par lequel transite le brut du Soudan du Sud est paralysé par la guerre en cours en République du Soudan. Selon le journal le Monde, « le pétrole, acheminé par pipeline depuis les champs pétroliers du Sud jusqu'à Port-Soudan, sur la mer Rouge, représente 90% des revenus de Juba.[154] ». Par manque d'argent, le Soudan du Sud a donc reporté les élections pour fin 2026. Le moins que l'on puisse dire, ce pays, l'un des plus pauvres de la planète, avec ses 12 millions d'habitants, avance sur un fil de rasoir.

2. Conflits interétatiques

Ils résultent en général des contestations nées du tracé des frontières par les puissances coloniales, de la gestion problématique des ressources communes et de la convoitise des ressources d'un pays par ses voisins.

---

[153] Médecins sans frontières, *Le Soudan du Sud un pays dévasté par la guerre.*

[154] Florence Miettaux (Le Monde), *Soudan du Sud : sans l'argent du pétrole, les caisses de l'État se vident et les élections sont menacées,* le 14 mai 2024.

2.1. FRONTIÈRES CONFLICTUELLES

En Afrique, les frontières héritées de la colonisation sont généralement source de conflits, à cause de leur imprécision ou de l'ignorance de certaines réalités locales au moment de leur tracé par les puissances coloniales. Deux thèses s'affrontaient sur cette question. La première soutenait l'idée selon laquelle, il fallait garder ces frontières telles que définies par le colonisateur pour éviter les conflits. La thèse opposée, quant à elle, soutenait la remise en cause des frontières établies par le colonisateur au motif qu'elles étaient arbitrairement tracées sans tenir compte des réalités socioculturelles et historiques des peuples. L'OUA apportera son soutien à la première thèse, en consacrant, en juillet 1964, lors de la Conférence des chefs d'État et de gouvernement qui s'est tenue au Caire (Égypte), le principe de l'intangibilité des frontières des frontières héritées de la colonisation. L'existence de ce principe n'a pourtant pas empêché l'avènement de conflits entre États au sujet des frontières. Sans être exhaustif, on peut citer les conflits suivants :

- La « guerre des sables » en 1963 entre le Maroc et l'Algérie, à cause du tracé des frontières entre les deux pays par la France, ancienne puissance coloniale. Les hostilités ouvertes entre les deux parties dans les confins du Sahara le 8 octobre 1963 prendront fin le 5 novembre 1963. Le 15 janvier 1969, un Traité de paix est signé entre les deux pays[155].
- La « guerre des pauvres » entre le Mali et le Burkina Faso en 1985 à propos de la bande d'Agacher. Selon, la presse, « Le 25 décembre 1985, aux premières lueurs du jour, environ 150 chars maliens franchissent la frontière et

---

[155] Jeune Afrique, *Ce jour-là : le 5 novembre 1963, la guerre des sables prenait fin,* le 5 novembre 2023.

attaquent plusieurs localités. Dans le ciel, des Mig 21 bombardent les deux principales villes du nord du Burkina, Djibo et Ouahigouya. L'armée malienne, dont la puissance de feu est supérieure, s'enfonce en territoire burkinabé. Son objectif est de prendre en tenailles la seconde ville du pays, Bobo-Dioulasso. En face, ses adversaires peinent à contenir son offensive. Ils sont débordés sur le front nord, mais tiennent le front ouest. ». En 1986, le conflit connaitra son épilogue après le partage de la bande litigieuse entre les deux pays par la Cour internationale de justice (CIJ)[156].

- Enfin, une guerre fut évitée de justesse entre le Nigeria et le Cameroun en 1994 par une décision de la CIJ en 2022[157]. La décision reconnaissait en effet la souveraineté du Cameroun sur la péninsule de Bakassi (peuplée de milliers de Nigérians) sur le fondement, du traité franco-allemand signé en 1913. Le règlement définitif du différend est quant à lui matérialisé par la signature, le 14 août 2008, entre les deux pays d'un accord de rétrocession.

2.2. Gestion non consensuelle des ressources communes des États

Dans certains cas, cette gestion peut être source de vives tensions entre États. C'est le cas, par exemple des cours d'eau transfrontaliers, comme le Nil. Ce fleuve africain compte parmi les plus longs fleuves du monde, aux côtés de l'Amazone et de l'ensemble Mississipi-Missouri. Le bassin du Nil « draine 3 millions de kilomètres carrés (…) répartis entre deux grands ensembles, le Nil Blanc depuis le lac Victoria et le Nil Bleu (…) depuis le lac Tana en Éthiopie.

---

[156] Benjamin Roger (Jeune Afrique), *il y a trente ans éclatait la guerre de Noël entre le Mali et le Burkina Faso*, le 25 décembre 2015.

[157] Philippe Bernard (Le Monde), *Le Nigeria rétrocède la péninsule de Bakassi, Zone riche en poisson et en pétrole au Cameroun,* le 15 août 2008.

Leurs eaux convergent à Khartoum. Ce bassin se répartit entre onze pays. [158]». Ces pays sont : la Tanzanie, le Kenya, le Burundi, le Rwanda, l'Ouganda, la République démocratique du Congo, l'Éthiopie, l'Érythrée, le Soudan, le Soudan du Sud et l'Égypte. Pour tous ces pays, le Nil constitue une ressource vitale.

Le lancement en 2011 par l'Éthiopie des opérations de construction de son « Grand barrage de la renaissance » sur le Nil a attisé la colère deux autres pays situés en amont du fleuve : l'Égypte et le Soudan. Alors que ce barrage représente « un enjeu économique et symbolique important pour l'Éthiopie » qui a dépensé plus de 4 milliards d'euros pour le construire, il met certains pays riverains du Nil dans une difficulté quasi existentielle. Ainsi, « l'Égypte s'inquiète de son impact sur son approvisionnement en eau, tandis que les Soudanais s'inquiètent des risques qu'il fait peser sur leurs installations hydroélectriques.[159] ».

Menacés, ces deux pays ne s'empêchent d'organiser depuis 2000 des exercices militaires conjoints pour impressionner l'Éthiopie. L'annonce du remplissage du barrage, faite en septembre 2023 par l'Éthiopie, est venue envenimer les relations déjà dégradées entre ce pays et les deux autres riverains situés en amont du Nil, l'Égypte et le Soudan. Jugeant « unilatérale » et « illégale[160] » l'opération éthiopienne, l'Égypte, en réponse, multiplie, dans la corne de l'Afrique, des alliances militaires avec les ennemis de

---

[158] Universalis.fr, *Nil*

[159] Anne-Laure Mathé et Hugo Chouarbi, *Le barrage de renaissance, reflet de la montée des tensions entre l'Égypte, le Soudan et l'Éthiopie,* IRSEM, brève stratégique n°23-2021 du 24 juin 2021.

[160] Le Monde, *En remplissant son mégabarrage sur le Nil, l'Éthiopie relance les tensions avec l'Égypte,* le 10 septembre 2023.

l'Éthiopie, en particulier la Somalie[161], dans le but de l'affaiblir. En effet, rien ne va plus entre la Somalie et l'Éthiopie depuis la signature, le 1er janvier 2024, d'un Protocole d'accord entre l'Éthiopie et le Somaliland (région séparatiste de la Somalie depuis 1991). La Somalie juge cet accord attentatoire à sa souveraineté. L'accord prévoit, selon le journal Le Monde, « la location pour cinquante ans à l'Éthiopie, immense pays enclavé, de 20 km de côtes du Somaliland. (...). Les autorités somalilandaises affirment que, en échange de cet accès à la mer, l'Éthiopie deviendrait le premier pays à reconnaitre officiellement leur république. [162]». Le dernier acte qui a provoqué de nouveau l'ire de l'Égypte et du Soudan dans la gestion du Nil est l'accord conclu en octobre 2024 en Ouganda sur l'utilisation équitable des ressources en eau du bassin du Nil[163]. Déjà ratifié par six États (Éthiopie, Soudan du Sud, Ouganda, Rwanda, Burundi et Tanzanie), cet accord est vivement rejeté par l'Égypte et le Soudan. Au regard de la forte dépendance de ces deux pays du Nil, il est fort à craindre que ce rejet ne contribue à la hausse des tensions dans la corne de l'Afrique par le jeu des alliances entre les États.

2.3. Convoitise des ressources d'un État par ses voisins

Dans le cas de la RDC, par exemple, même si la mainmise de ses voisins sur ses ressources stratégiques

---

[161] Dans son édition du 18 octobre 2024, l'agence de presse italienne, Nova.news, indique *que L'accord de coopération militaire signé en août par les gouvernements somalien et égyptien se concrétise pour l'envoi de 10 2025 unités égyptiennes à Mogadiscio, dont la moitié sera affectée aux initiatives bilatérales de défense et l'autre à la nouvelle Mission de soutien et de stabilisation de l'Égypte.*

[162] Le Monde, *Dans la corne de l'Afrique, une dangereuse escalade entre l'Éthiopie et la Somalie,* le 26 septembre 2024.

[163] Courrier international, *L'Égypte et le Soudan rejettent fermement un accord sur le partage des eaux du Nil,* le 16 octobre 2024.

n'est pas la cause originelle des guerres qui l'oppose à ces derniers, il n'en demeure pas moins que la prédation de ses ressources est à certains égards, une des raisons qui expliquent la permanence de ces guerres. En effet, la cause originelle de la régionalisation du conflit congolais réside dans une sorte de mélange de crises ethnique et politique dont l'expression la plus achevée est le génocide en 1994 des Tutsis par les milices progouvernementales Hutues au Rwanda. L'avancée des combattants du Front patriotique rwandais (FPR), composés essentiellement de Tutsis, vers Kigali (capitale du Rwanda), jettera sur le chemin de l'exil plus d'un million de Hutus. Ils trouvèrent refuge dans les camps installés par les organisations humanitaires à l'est du Zaïre (actuelle RDC). Parmi ces réfugiés se trouvaient des Hutus génocidaires qui n'avaient pas encore rangé leurs armes. Ces Hutus représentaient donc une véritable menace pour les nouvelles autorités de Kigali[164]. C'est pour contrer cette menace que le Rwanda et l'Ouganda apportèrent tout leur soutien en 1996 à l'Alliance des forces démocratiques du Congo (AFDL) alors dirigée par Laurent-Désiré Kabila, farouche opposant au régime du Maréchal Mobutu. L'AFDL était composée de plusieurs mouvements opposés à Mobutu, notamment celui des Tutsis congolais marginalisés par le régime de Kinshasa[165]. Ainsi, le 16 mai

---

[164] Selon Radio France Internationale (RFI), *Depuis la fin du génocide des Tutsis au Rwanda en 1994, Kigali fait face à des incursions meurtrières de militaires de l'ancien régime et de miliciens sur son territoire depuis les camps de réfugiés hutus rwandais au Zaïre,* le 17 mai 2017.

[165] Selon Colette Braeckman, l'AFDL est issue de la coordination entre quatre mouvements : *le Parti révolutionnaire du peuple (PRP) de M. Laurent-Désiré Kabila ; l'Alliance démocratique des peuples (ADP), de M. Déogratias Bugera, un Tutsi, originaire du Masisi ; le Mouvement révolutionnaire pour la libération du Zaïre (MRLZ) de M. Masavu Ningaba, un Bashi, l'une des principales ethnies du Sud-Kivu ; et le Conseil régional de résistance pour la démocratie de*

1997, Mobutu est renversé. Une fois installé au pouvoir, L.D. Kabila se détourne de ses anciens parrains (Rwandais et Ougandais) et décide de renvoyer chez eux, selon la journaliste Véronique Kiesel, les Rwandais qui servaient dans l'armée congolaise[166]. Il sera lui-même assassiné le 16 janvier 2001 dans son palais par Rashidi Mizele, un membre de sa garde rapprochée. Son fils, Joseph Kabila (JK), lui succède à la tête de l'État, le 26 janvier 2001. Avec JK, un espoir de paix est né entre le Rwanda et la RDC. Le 30 juillet 2002 à Prétoria (Afrique du Sud), un accord de paix est donc signé entre les présidents congolais (JK) et rwandais (Paul Kagamé) sous la médiation du président sud-africain (Thabo Mbeki) et du Secrétaire général des Nations Unies, Kofi Annan. Le texte prévoyait le désarmement par la RDC des extrémistes Hutus des anciennes Forces armées Rwandaises se trouvant sur son territoire et le retrait par le Rwanda de ses forces armées dans l'est de la RDC[167].

Mais en 2004, le général Laurent Nkunda, un Congolais de l'ethnie Tutsie, fonde le Congrès national pour la défense du peuple (CNDP) et se lance une rébellion contre le gouvernement de la RDC. Le CNDP est un groupe armé qui vise à neutraliser les Forces démocratiques de libération du Rwanda (FDLR) et à protéger les Tutsis. En janvier 2009, Nkunda, accusé de crimes de masse, est arrêté au Rwanda. Quelques mois après cette arrestation, le 23 mars 2009 plus exactement, un accord de paix est signé à Goma (RDC), entre le Gouvernement de la RDC et le CNDP. Par cet accord, le CNDP s'engage à abandonner les armes et à

Kisasse Ngandu. Le Monde diplomatique, *Comment le Zaïre fut libéré*, juillet 1997.

[166] Le Soir, le 29 juillet 1998.

[167] Le Nouvel Obs, *Accord signé entre la RDC et le Rwanda,* le 30 juillet 2002.

devenir un parti politique. De son côté, le gouvernement, dans son objectif de jeter les bases d'une réconciliation nationale, prend l'engagement de faire voter une loi d'amnistie pour effacer rétroactivement certaines infractions.

En 2012, insatisfait de l'application de l'accord du 23 mars 2009 par le gouvernement congolais, une faction au sein du CNDP se transforme en groupe rebelle et reprend à son compte le principe de protection des Congolais de l'ethnie Tutsie et la lutte contre FDLR. Cette faction est appelée « M23 », en référence à l'accord du 23 mars 2009. Le M23 est toutefois neutralisé, en 2013, par l'action conjointe des Forces armées de la République démocratique du Congo (FARDC) et de la Brigade d'intervention de l'ONU.

Le 24 février 2013, à Addis-Abeba (Éthiopie), est alors signé par onze pays africains, un accord-cadre pour la paix, la sécurité et la coopération pour la République démocratique du Congo et la région. Dans cet accord, la RDC s'engage globalement à renforcer l'autorité de l'État dans l'est du pays, en empêchant les groupes armés de déstabiliser les pays voisins et à promouvoir les objectifs de réconciliation nationale. En ce qui concerne les pays de la région, ils s'engagent, à ne pas s'ingérer dans les affaires intérieures des États voisins, à ne pas fournir un soutien quelconque à des groupes armés et à renforcer la coopération régionale. La communauté internationale quant à elle s'engage à apporter tout son soutien à cette initiative de paix. L'accord prévoit enfin la mise en place d'un mécanisme de suivi régional impliquant les dirigeants des pays de la région et les représentants des organisations internationales comme l'UA et les Nations unies.

L'espoir suscité par l'accord d'Addis-Abeba fut de courte durée, car la situation sur le terrain est restée quasi inchangée. À l'occasion du 11e anniversaire de cet accord, le doctorant Jacques Vyalirendi, enseignant à l'université de Ruwenzori, en RDC, déclarait ceci : « (...) certaines parties prenantes dans la région des Grands Lacs sont plutôt intéressées par le problème plutôt que par la solution. Elles n'ont pas donc intérêt à ce que la solution au problème soit trouvée. Et puis, le mécanisme mis en place ne les intéresse surtout pas, parce que, eux ont des intérêts qui sont mieux protégés par le statu quo que par la solution au problème de l'insécurité à l'est de la RDC. (...) les parties prenantes n'étaient pas intéressées par la solution parce qu'elles profitent mieux du problème que de la solution. ».

Une décennie après sa neutralisation, on assistera au réveil très brutal du M23 en 2021. Avec le soutien, désormais établi du Rwanda en particulier, le M23 réapparait en force et inflige d'importantes défaites aux FARDC et à la brigade d'intervention de l'ONU, en RDC. En effet, du point de vue rwandais, écrit Brian Sabbe, « le soutien apporté par le M23 aux Tutsis congolais et sa lutte contre le groupe rebelle rwandais des FDLR ont permis d'aligner certains intérêts.[168] ». Selon le dernier rapport du Groupe d'experts sur la RDC mis en place par le Conseil de sécurité des Nations Unies, il existe des preuves (photographies authentifiées, images de drones, enregistrements vidéo, témoignages et renseignements) qui confirment les incursions systématiques des Forces de défense du Rwanda (RDF) à la frontière de la RDC. Le rapport indique également que « positionnée en première

[168] International peace information service (IPIS), *Pourquoi le M23 n'est pas un groupe rebelle comme les autres,* janvier 2023.

ligne, la RDF a utilisé des armes de haute technologie et participé directement aux combats.[169]».

Face au blocage de toutes les initiatives de paix entre les parties impliquées dans le conflit congolais, deux autres initiatives, différentes, mais complémentaires, sont lancées au début des années 2020. Il s'agit du processus de Nairobi lancé par la Communauté d'Afrique de l'Est (CAE) et du processus de Luanda conduit sous la médiation du président Angolais João Lourenço. Le processus de Nairobi offre un cadre ouvert de discussion à tous les groupes armés qui interviennent dans l'est de la RDC et qui sont prêts à déposer les armes dans le cadre d'un programme de désarmement et de démobilisation. Ce processus a permis en novembre 2022 l'engagement d'une force régionale (celle de la CAE) dans l'est de la RDC en vue d'y instaurer la paix. En fin 2023, le mandat de cette force ne fut pourtant pas renouvelé. Accusant cette force de passivité dans la lutte contre les rebelles du M23 et le Kenya de partialité dans sa médiation, le président congolais juge finalement que « le processus de Nairobi est quasiment mort.[170] ». En ce qui concerne le processus de Luanda, il vise plus spécifiquement l'amélioration des relations entre la RDC et le Rwanda. Ce processus a encore du mal à produire des résultats tangibles sur le terrain au regard de la reprise des hostilités entre le M23 et les Forces armées de la RDC (FARDC). En effet, comme l'ont écrit Philippe Asanzi et Remadji Hoinathy, la RDC accuse les Forces de défense du Rwanda (RDF) de combattre aux côtés des rebelles du M23, tandis que le Rwanda affirme que la RDC soutenait les

---

[169] Ce rapport a été transmis au président du Conseil de sécurité par une lettre en date du 31 mai 2024.

[170] RFI, *Le conflit dans l'est du Congo : le président Tshisekedi critique son homologue kenyan sur le processus de Nairobi,* le 25 juillet 2024.

Forces démocratiques de libération du Rwanda (FDLR), un groupe rebelle hutu actif dans l'est de la RDC[171].

Outre la dimension politico-ethnique et géostratégique du conflit dans l'est de la RDC, il y a aussi une importante dimension économique qui porte sur la prédation des ressources congolaises[172] par ses voisins Rwandais et Ougandais. L'est de la RDC regorge d'importantes ressources minières, source de sa convoitise par les pays voisins. Dans un article publié par le Monde diplomatique en octobre 1999, Colette Braekman constatait que la RDC « est dépecée par ses voisins. ». Ce constat est corroboré par le dernier rapport du Groupe d'experts sur la RDC. Ce rapport révèle que la prédation par les acteurs extérieurs (États et multinationales en particulier) des ressources de la RDC pose de sérieux problèmes éthiques que ne cessent de soulever les médias[173] et les ONG[174].

---

[171] Institut d'études de sécurité (ISS), *Relance du processus de Luanda : vers la paix dans l'est de la RDC,* le 21 octobre 2024.

[172] Selon la Banque mondiale, *la RDC est dotée de ressources naturelles exceptionnelles, notamment des minéraux tels que le cobalt et le cuivre, un potentiel hydroélectrique, des terres arables importantes, une biodiversité immense et la deuxième plus grande forêt tropicale du monde.*

[173] Dans un article paru dans Jeune Afrique le 29 juillet 2021, la journaliste Marie Toulemende sous le titre *RDC – Samsung, Apple, BMW…Ce que nos smartphones et voitures doivent aux Congolais,* écrit que *le téléphone ou la tablette sur lequel ou laquelle vous êtes en train de lire cet article contient très certainement quelques grammes de ce cobalt ramassé par les creuseurs congolais.*

[174] Une ONG britannique Free Fair DRC, dénonçait en 2012 auprès des députés congolais, le cambriolage des ressources minières par des sociétés fictives.

3. Djihad islamique

Il est devenu une menace stratégique[175] pour l'Afrique depuis l'attaque simultanée des ambassades américaines à Dar-El Salam (Tanzanie) et à Nairobi (Kenya), le 7 août 1998. Attribuée au réseau Al-Qaida d'Oussama Ben Laden, cette attaque a fait au total 224 morts et plus de 5 000 blessés[176]. Outre les intérêts des puissances extérieures en Afrique, les États africains, eux-mêmes, comptent parmi les cibles des attaques djihadistes qui se sont multipliées dans le continent. Selon Luis Martines, auteur de « L'Afrique, le prochain califat ?[177] », « les groupes djihadistes aspirent, dans un temps long, à remplacer l'État postcolonial et les institutions politiques par de nouvelles organisations fondées sur l'application du droit islamique, la charia, dans le cadre d'un État islamique ou d'un émirat islamique. »

La bande sahélo-saharienne[178] demeure la région la plus exposée au djihad islamique dans le monde[179]. Selon un média allemand[180] qui cite les données de 2023 de l'Institut

---

[175]Joseph Léa Nkalwo Ngoula, (Irenees) *L'Union africaine à l'épreuve du terrorisme : Forces et challenges de la politique africaine de sécurité,* avril 2016.

[176]La Voix de l'Amérique, *Il y a 20 ans, les attentats anti-américains en Afrique de l'Est,* le 5 août 2018.

[177] Date de parution le 23 février 2023 aux éditions Tallandier.

[178] Pour Martin Motte, cette bande, dans son acception française, *(...) désigne l'ensemble stratégique formé par cinq anciennes colonies françaises, la Mauritanie, le Mali, le Burkina Faso, le Niger et le Tchad, soit les pays du G5-Sahel.* Source : *Un carrefour stratégique, la bande sahélo-saharienne,* Revue stratégique, 2018, N°120/3.

[179] Selon quelques principaux services de renseignements français, l'État islamique (EI), dispose désormais de quatre provinces principales en Afrique. Il s'agit du Sahel, de l'Afrique de l'Ouest, de la République démocratique du Congo et du Mozambique. Source : Jean Chichizola (Figaro), *L'Afrique est devenue l'épicentre du djihad mondial,* le 15 avril 2024.

[180] Vincent Niebede (DW), *Le Sahel, la région du monde la plus touchée par le terrorisme,* le 21 août 2023.

pour l'économie et la paix, « entre 2007 et 2022, dans le Sahel, près de 7 000 attaques djihadistes ont été enregistrées. Ces attaques ont fait près de 23 000 morts (…). Les attaques terroristes dans le Sahel ont augmenté de 2 000%. ». Toutefois, les faits démontrent qu'il existe une relation de cause à effet entre la désintégration de l'État libyen survenue à la suite de la Révolution qu'a connue ce pays en 2011 et le développement du djihad islamique dans l'espace sahélo-saharien.

La lutte contre le djihad islamique qui métastase dans toutes les régions d'Afrique ne peut être l'œuvre d'un seul État. Même les États les plus puissants du monde (États-Unis d'Amérique, France, etc.) conjuguent leurs efforts avec d'autres pour lutter contre les mouvements djihadistes. Or, entre les États africains, on constate un manque de solidarité dans cette lutte. Le président de la Commission de l'Union africaine n'a pas manqué de le relever dans son discours lors du 16e sommet de l'Union africaine sur le terrorisme et les changements anticonstitutionnels de gouvernement. Il déclare à cet effet que « (…) le terrorisme ne faiblit pas sur le Continent. D'abord, en raison d'une insuffisante solidarité africaine avec les pays victimes du terrorisme, mais aussi en raison du non-respect de nos propres engagements. Je ne citerai que le cas de la Force africaine en Attente qui, depuis sa création, n'est pas encore opérationnelle. Sur cette question, la volonté politique a fait défaut, alors que nous avons les moyens et les hommes qu'il faut. Les armées africaines comptent environ 2.700.000 hommes. Mobiliser seulement 1 à 2 % de cet effectif et les doter des moyens nécessaires permettraient de réduire notre dépendance des forces étrangères et de faire face, avec plus de chance de succès, au terrorisme. ». La même carence est constatée au niveau de la CEDEAO face au djihadisme qui sévit dans le territoire de certains de ses États membres, comme le Burkina Faso, le Mali et le Niger. Dans les années

1990 pourtant, cette organisation a su faire preuve d'une grande solidarité pour venir à bout des groupes de rebelles qui semaient la terreur au Liberia et en Sierra Leone. L'une des grandes conséquences de l'absence de solidarité entre les États africains dans la lutte contre le djihadisme islamique est la possible transformation d'une bonne partie de l'Afrique en Califat. Dans une entrevue accordée à Sciences Po le 28 avril 2023, Luis Martinez, déclare ceci : « Les groupes djihadistes aspirent, dans un temps long, à remplacer l'État postcolonial et les institutions politiques par de nouvelles organisations fondées sur l'application du droit islamique, la charia, dans le cadre d'un État islamique ou d'un émirat islamique. Si la zone sahélo-saharienne est l'épicentre historique de la recomposition des groupes djihadistes dans la région, ces derniers se déploient sur le continent. (…) Ils ambitionnent de créer une identité qui transcende les appartenances au seul État-nation issu de l'héritage colonial. ».

4. Stratégies appliquées en matière de défense

Face à la faiblesse de leurs capacités militaires et des mécanismes régionaux de défense, les États africains ont souvent recours pour la défense de leur territoire, soit aux acteurs étatiques étrangers, soit aux sociétés militaires privées.

4.1 Recours aux acteurs étatiques étrangers

Parmi ces acteurs, la France, ancienne puissance coloniale, occupe une place de choix. À la base, les relations franco-africaines en matière de défense et de sécurité émanaient de la politique africaine du général de Gaulle. Quand les colonies africaines étaient encore de simples possessions françaises, aucune question ne se posait, car elles relevaient toutes de la souveraineté française. Avec les mouvements de décolonisation enclenchés dans ces colonies après la Seconde Guerre mondiale, de Gaulle procède à une première adaptation du dispositif militaire français en Afrique à travers la constitution du 28 septembre 1958. Ce texte a mis en place un système fédéral entre la France et ses anciennes colonies, connu officiellement sous la dénomination de Communauté franco-africaine. Rejetée seulement par la Guinée, cette constitution rendait la France exclusivement responsable au sein de la communauté, des questions de défense, des affaires étrangères, de la monnaie et des ressources naturelles. Ce système aura la vie courte à cause des pressions exercées sur le général de Gaulle par la guerre d'Algérie et les politiques anticoloniales de l'ex-URSS et des États-Unis.

Dans les années 60, de nombreux territoires africains membres de la communauté ont rejoint la Guinée, dans le camp d'États indépendants. Ainsi, de Gaulle procède à une deuxième adaptation du dispositif militaire français en Afrique à travers la loi constitutionnelle du 4 juin 1960. Cette loi permet de conclure des accords de coopération tous azimuts avec les nouveaux États indépendants. En matière de défense, ces accords ne faisaient que traduire la volonté du général de faire de la France, le principal acteur de la défense de l'Afrique francophone. Ils prévoient, comme ce fût le cas de l'Avenant du 26 août 1992 à l'Accord particulier d'assistance militaire du 18 juillet 1975 entre le Rwanda et la France, la possibilité pour les forces armées françaises de rétablir l'ordre public et de participer aux opérations militaires menées par le Rwanda. Nous étions donc dans un système où la sécurité intérieure et extérieure de certains États africains était en réalité déléguée à la France. Cette délégation des compétences souveraines à la France, on le sait, avait ouvert la porte à tous les abus : opération de sauvetage des chefs d'État africains en difficulté dans leurs propres pays, et une mainmise de la France sur certains États. C'était le beau temps de la « Françafrique ».

Depuis le génocide des Tutsis et la mise en cause de la France dans ce crime, les accords trop intrusifs en matière de défense et de sécurité sont devenus inacceptables pour une bonne partie de l'opinion publique africaine. Cette dernière estime que ces accords portent gravement atteinte à l'indépendance des États africains. On a alors évolué avec certains pays africains vers des formes de coopération qui promeuvent, en matière de défense, la formation, les échanges d'informations et le renforcement des capacités des armées nationales. Mais, aussi, qui prohibent la participation des forces armées françaises dans le rétablissement de l'ordre public et les opérations militaires. C'est le cas notamment de l'Accord de coopération en matière de défense entre la Guinée et la France, signé le 13 janvier 2014. L'article 5 dudit accord déclare en des termes clairs que les forces armées françaises « ne peuvent en aucun cas être associées à la préparation ou à l'exécution d'opérations de guerre ni à des actions de maintien ou de rétablissement de l'ordre, de la sécurité publique ou de la souveraineté nationale, ni intervenir dans ces opérations. ».

Mais depuis le début des années 2020, une grande partie de l'Afrique francophone est engagée dans une logique de déconstruction de la Françafrique, cette période caractérisée par des relations incestueuses et opaques entre les dirigeants politiques et économiques franco-africains. Ce processus de déconstruction résulte de la combinaison de plusieurs facteurs : l'évolution des mentalités en Afrique, le besoin d'indépendance de certaines élites politiques africaines et l'intérêt croissant du continent noir dans les agendas des puissances non occidentales (Russie,

Chine, Inde, Brésil, Turquie, etc.). On peut donc dire que l'ère « Post Françafrique » est entamée en Afrique.

En réaction à ces évolutions, le président français, Emmanuel Macron, dans un discours prononcé le 27 février 2023 à l'Élysée, en prélude à sa tournée en Afrique Centrale, donne l'impression d'être déterminé à ouvrir un nouveau chapitre dans les relations franco-africaines. À ce titre, il mise plus sur le « soft power » que sur une concurrence musclée pour faire avancer les intérêts de la France dans le continent. Tirant les leçons des cas malien et burkinabé, il projette, en matière de défense, une cogestion des bases militaires françaises en Afrique et une réduction du nombre de soldats français dans ces bases.

Cette vision est corroborée par les principales conclusions du rapport Bockel sur la configuration du dispositif militaire français en Afrique remis le 25 novembre 2024 au président Macron[181]. Citant la présidence française, le Monde rapporte que ce rapport prône un partenariat « renouvelé » et « coconstruit ». Il contient également des recommandations qui « s'inscrivent dans la volonté de mise en œuvre d'un partenariat de défense renouvelé, répondant aux besoins exprimés par nos partenaires, et coconstruit avec eux, dans le plein respect de leur souveraineté.[182]». Interrogé sur les antennes de Radio France Internationale (RFI) le 7 novembre 2024 sur la possible fermeture des bases militaires françaises en Afrique, Jean-Marie Bockel répond sans détour que ni le Tchad, ni le Gabon, ni la Côte d'Ivoire ne souhaitent le

---

[181] À la demande du président Macron, le rapport Bockel devait répondre à la question de savoir si la France devait oui ou non maintenir ses bases militaires au Tchad, au Sénégal, en Côte d'Ivoire et au Sénégal.

[182] Le Monde, *Le rapport sur la configuration du dispositif militaire français en Afrique présenté à Emmanuel Macron,* le 26 novembre 2024.

départ des Français[183]. Pour J.M. Bockel les discussions avec les présidents de ces trois pays ont globalement porté sur deux points. Le premier point crucial est de maintenir une « infrastructure de base qui permette, en termes d'accès, de logistique et de capacité, de renforcer nos moyens (…) chaque fois que c'est nécessaire, à la demande de nos partenaires, en réponse à une menace extérieure. ». Le deuxième point de discussion concerne les actions à mettre en place aux côtés du dispositif socle. Il s'agit en particulier du « renforcement du soutien et de la réponse à des attentes en matière de sécurité des pays du périmètre. ».

Il convient toutefois de constater que, moins d'une semaine après la remise du rapport Bockel, deux pays africains (le Tchad et le Sénégal) concernés par ledit rapport et abritant des bases militaires françaises créaient la surprise. Le 28 novembre 2024, le gouvernement tchadien annonçait sa décision de mettre fin à l'accord de défense qui le lie à la France depuis 1976. Dans son discours de justification de cette décision, le président tchadien, Mahamat Idriss Deby[184], explique qu'« au fil du temps, cet accord est devenu complètement obsolète. Il ne correspondait plus ni aux réalités sécuritaires, géopolitiques et stratégiques de notre temps ni à nos attentes légitimes quant à la pleine expression de notre souveraineté. ». Cette

---

[183] Concernant la position sénégalaise, pays où il ne s'est pas rendu, il déclare qu'*une chose est ce qui peut être dit dans une période de changement, une chose est ce qui pourra se faire au lendemain d'une élection, ce sont deux temps différents.* J.M. Bockel faisait ainsi allusion à un possible revirement de nouvelles autorités sénégalaises une fois installées dans la réalité du pouvoir.

[184] Le président français, Emmanuel Macron, avait pourtant, en avril 2021, soutenu dans la négation des règles constitutionnelles de dévolution du pouvoir au Tchad, la transmission du pouvoir à Mahamat Idriss Deby, fils d'Idriss Itno, allié historique de la France, tué au cours d'un combat qui l'opposait aux rebelles du Front pour l'alternance et la concorde au Tchad (FACT).

rupture, qui est, selon Le Figaro, un « camouflet pour la France[185] » a pris de court les autorités françaises qui ne s'y attendaient pas. En ce qui concerne le Sénégal, sans donner de date, son nouveau président, Diomaye Faye, démocratiquement élu en mars 2024, notamment sur la base de la promesse de refonte des relations franco-sénégalaises, demande à son tour, le 29 novembre 2024, la fermeture de la base militaire française dans son pays. Pour Faye, « Le Sénégal est un pays indépendant et souverain. La souveraineté ne s'accommode pas de la présence de bases militaires dans le pays.[186] ». Finalement, le 31 décembre 2024, Faye annonce la fermeture, courant 2025, de toutes les bases militaires étrangères au Sénégal. Cette décision s'inscrit selon lui dans le cadre de la nouvelle doctrine de coopération en matière de défense et de sécurité de son pays. Le président ivoirien, Alassane Ouattara, contre toute attente, s'alignera sur la position du Sénégal, en demandant la rétrocession de la base militaire française d'Abidjan à la Côte d'Ivoire le 31 décembre 2024, conformément à la politique de réaménagement du dispositif militaire français en Afrique. Le retrait des forces militaires françaises du Sénégal et de la Côte d'Ivoire, après des décennies de présence, marque la fin d'une période et l'ouverture d'un nouveau chapitre des relations franco-africaines en matière de défense et de sécurité. Commentant ces deux décisions, Jean-Luc Mélenchon, leader politique français, écrit le 2 janvier 2025 sur le réseau X ceci : « L'armée française est expulsée de Côte d'Ivoire par celui qu'elle avait installé au pouvoir. Et du Sénégal. Rayé de la carte, le vieux monde ne doit pas nous entraîner dans son néant. Il est temps pour la France de passer à d'autres relations avec les peuples d'Afrique. Le modèle diplomatique insoumis est l'avenir. ».

---

[185] Éd. 29 novembre 2024.

[186] Libération, *Le président Diomaye Faye demande à la France de fermer ses bases militaires*, le 29 novembre 2024.

Il faut dire que les décisions de ces deux pays font définitivement voler en éclat le socle sur lequel sont construites les recommandations du rapport Bockel. Ce socle est la croyance selon laquelle ni le Tchad, ni le Gabon, ni la Côte d'Ivoire ne souhaitaient le départ des Français. Par leurs décisions, le Sénégal, le Tchad et la Côte d'Ivoire démontrent que les préconisations du rapport Bockel pour un partenariat « renouvelé » et « coconstruit » sont loin de correspondre à leurs attentes et préoccupations. Au regard du décalage constaté entre les conclusions du rapport et les attentes de ces deux pays, on est en droit de se demander, si l'auteur du rapport ne s'est pas limité à conclure selon les orientations fixées par Macron dans son discours du 27 février 2023 à l'Élysée ou selon sa propre idée du futur des relations franco-africaines en matière de défense et de sécurité[187].

En effet, depuis le général de Gaulle, c'est sous le président Macron que l'Afrique francophone a très largement échappé à la France. Pourtant l'arrivée de Macron en 2017 avait suscité un vif intérêt dans la jeunesse africaine, qui voyait en lui un président jeune, proche de leurs préoccupations, loin du monde corrompu de la Françafrique et porté sur l'avenir. Le discours qu'il prononce à l'université de Ouagadougou (Burkina Faso) le

[187] Dans ce second cas, il convient de rappeler que c'est le 25 novembre 2024, date anniversaire du décès de son fils, que J.M. Bockel a remis son rapport final à Macron. Son fils, Pierre-Emmanuel Bockel, est un militaire français de 29 ans qui était engagé dans l'opération Barkhane au Mali, pays dans lequel il trouva la mort, le 25 novembre 2019, dans un accident entre deux hélicoptères (un Tigre et un Cougar). Au total, ils étaient treize militaires français à perdre la vie dans cet accident. Il est à craindre que les sentiments personnels de J.M. Bockel, du reste légitimes, car liés à la disparition d'un être cher, ne l'aient conduit à recommander dans son rapport la continuité de la présence militaire française en Afrique, même sous un format réduit, pour honorer un engagement familial dans ce continent.

28 novembre 2017 confirme cette perception de la jeunesse africaine. Devant les étudiants, il dira ceci : « Je suis comme vous, d'une génération qui n'a jamais connu l'Afrique comme un continent colonisé (...). Je suis d'une génération dont l'un des plus beaux souvenirs est la victoire de Nelson Mandela (...). Je suis d'une génération de Français pour qui les crimes de la colonisation sont incontestables (...). Je suis d'une génération où l'on ne vient pas dire à l'Afrique ce qu'elle doit faire. ». Aussi, il ira un peu loin, montrant son indifférence à une Afrique en crise permanente : « Le président de la République française n'a pas à expliquer dans un pays africain comment on organise la Constitution, comment on organise des élections ou la vie libre de l'opposition. Je n'attends d'ailleurs pas cela d'un président africain pour ce qui concerne l'Europe. ».

Toutefois, dans l'exercice du pouvoir, c'est un autre Macron qui est apparu. Celui qui a condamné la junte militaire malienne au nom des principes de démocratie et soutenu la transmission dynastique du pouvoir au Tchad au nom de son alliance avec la famille Deby. C'est aussi le Macron qui a condamné le 3e mandat dans certains pays et justifié sa pertinence dans d'autres. Le double discours de Macron face à ses interlocuteurs africains, désormais convoités par d'autres puissances, et l'incapacité de sa diplomatie de travailler avec l'Afrique francophone sur une réforme d'envergure en matière de défense et de sécurité, débarrassée d'arrière-pensées coloniales[188], sont, entre autres, les principales raisons de la perte du leadership français en Afrique depuis le début des années 2020[189].

---

[188] Le rapport Bockel qui doit faire des propositions sur la reconfiguration de la présence militaire française en Afrique correspond à tout sauf aux préoccupations des Africains.

[189] Dans le Sahel en particulier, Leslie Varenne, journaliste spécialiste de l'Afrique et auteure du livre *Emmanuel au Sahel, itinéraire d'une*

Cette accélération de l'histoire et la diversité du profil des pays concernés par la demande de rupture des relations en matière de défense et de sécurité avec la France, trouvent, en toute logique, une explication dans la montée en puissance des courants souverainistes en Afrique[190], le profond besoin de l'Afrique francophone de diversifier son partenariat et la volonté de certains pays africains d'aller vers une plus grande autonomie en matière de défense et de sécurité.

Cela veut-il pour autant dire que le divorce est consommé entre la France et l'Afrique francophone ? Assurément non. Le poids de l'histoire, la proximité géographique, humaine et culturelle (une langue commune qu'est le français) et de nombreux autres intérêts et défis communs [191]sont autant de facteurs qui empêchent le divorce définitif entre la France et l'Afrique, du moins l'Afrique francophone. Ces facteurs sont aussi les raisons qui justifieront, le moment venu, la relance des relations franco-africaines. Cette relance suppose un profond changement de mentalité de part et d'autre et une posture beaucoup plus respectueuse des préoccupations de l'Afrique, de sa souveraineté et de sa liberté d'action dans le monde.

---

défaite, éd. Max Milo, 2024, déclare dans une interview accordée au Journal du Dimanche (édition du 24 mai 2024), que le bilan de Macron dans cette région est *catastrophique.* Soutenant que l'influence de la France est aujourd'hui devenue *marginale* en Afrique, elle fait cependant remonter à Nicolas Sarkozy et à François Hollande, l'origine de cette faute.

[190] Autant la France, par la voix de son président, Emmanuel Macron, se bat pour l'autonomie stratégique de l'Europe vis-à-vis des États-Unis d'Amérique, autant l'Afrique francophone semble se battre pour son autonomie stratégique vis-à-vis de la France, notamment pas la remise en cause de certains accords de défense jugés attentatoires à sa souveraineté.

[191] Il s'agit notamment de la lutte contre le terrorisme, la piraterie, la cybercriminalité, la traite des personnes, etc.

4.1. Recours aux acteurs non étatiques

Pour assurer la sécurité de leur territoire contre les attaques conduites par les terroristes, les rebelles et les voisins belliqueux, certains États africains ont recours aux services des sociétés militaires privées (SMP). La plupart du temps, les États choisissent cette voie à cause notamment de la faiblesse de leurs capacités de défense et de la paralysie des mécanismes régionaux de défense. Lorsqu'elles interviennent dans un État africain, les SMP bénéficient généralement d'une délégation de prérogatives de puissance publique en matière de défense nationale. Il s'agit quasiment d'un contrat de privatisation de la « défense nationale » d'un État. Les parties (État souverain et SMP) à ce contrat ne visent pas les mêmes objectifs. Si l'État vise un objectif politico-militaire, la SMP vise, quant à elle, un objectif marchand. Pour elle, il s'agit donc de faire du business en matière de défense pour accroitre son chiffre d'affaires. En plus de cette différence, force est également de constater qu'une SMP, quelle que soit sa taille ou son importance, n'est pas soumise au droit international. Elle n'est pas, comme un État ou une organisation internationale à caractère interétatique, un sujet de droit international. Il est par conséquent impossible pour l'État contractant de mettre en cause la responsabilité d'une SMP sur le terrain du droit international public, comme il l'aurait fait si le partenaire en face était un État comme lui[192]. Les domaines couverts par un accord de défense entre un État africain souverain et une SMP, ainsi que les modalités de rémunération de cette société (espèces sonnantes et trébuchantes, richesses naturelles ou autres), sont autant de questions qui doivent interpeller les dirigeants africains qui confient la défense de leur territoire aux SMP. Mais étant

[192] Youssouf Sylla (guineenews), *La souveraineté africaine à l'preuve de la privatisation de sa défense*, le 30 juin 2023

frappé du sceau du secret, il est difficile pour le grand public africain d'avoir accès aux informations contenues dans ce type de contrat, qui engagent pourtant la vie d'une nation.

Ainsi, il convient, d'une part, de faire un rapide survol des SMP qui opèrent en Afrique, et d'autre part, d'ouvrir une réflexion sur les risques d'atteinte à la souveraineté et autres dangers que comporte le recours aux services des SMP.

4.1.1. Sociétés militaires privées en Afrique

Parmi les sociétés militaires privées (SMP) qui interviennent en Afrique, il y a des sociétés sud-africaines, occidentales et russes.

SMP sud-africaines

On peut citer Dyck Advisory Group et Executive Outcomes. La première opère au Mozambique dans le cadre de la lutte contre les islamistes (Al Shabaab). En 2021, un rapport d'Amnesty International accusait cette société d'attaque, sans discernement, contre les populations et les infrastructures civiles. Avant elle, il y a la société Executive Outcomes qui a opéré en Angola et en Sierra Leone. Elle échangeait ses services contre les concessions minières, et s'engageait directement dans les combats. Dans le milieu de la sécurité privée, il est de plus en plus soutenu que Wagner dans son mode opératoire s'inspire largement des pratiques d'Executive Outcomes. Le fondateur de cette dernière, M. Barlow, fut d'ailleurs invité en 2010 à Saint-Pétersbourg, en Russie, peu avant la création de Wagner.

Occidentales

Il y a Secopex (française) et Balckwater (américaine). La première a eu des activités en Libye. Son fondateur, Pierre Marziali, fut d'ailleurs tué à Benghazi en mai 2011. Parlant du mercenariat en Afrique, on ne peut s'empêcher d'évoquer le nom du français, Bob Denard. Foncièrement anticommuniste, et se disant agir au nom des intérêts de son pays, il est connu pour avoir, avec ses combattants européens et africains, renversé et remis au pouvoir, par exemple aux Comores, le chef d'État de son choix, le président Ahmed Abdallah. Sa main mise sur l'évolution politique de cet archipel lui valut le surnom de vice-roi des Comores. Ses actions subversives s'étendront sur le Bénin, le Nigeria, le Gabon, et l'ex Zaïre.

La seconde SMP occidentale qui a opéré en Afrique est Balckwater, fondée par Érik Prince. Elle est connue pour ses exactions en Irak, qui sont restées impunies grâce à l'intervention du président Donald Trump. Érik Prince a aussi été accusé dans un rapport des Nations Unies de violation de l'embargo sur les armes décrété contre la Libye en 2011, pour protéger les civils. Selon l'enquête onusienne, contre 80 millions de dollars, Erik Prince aurait envoyé des mercenaires et armes lourdes en Libye pour soutenir le général Khalifa Haftar, qui tentait de renverser un gouvernement pourtant soutenu par la communauté internationale.

Russes

Il y a le groupe Wagner[193], rebaptisé Africa Corps, après sa tentative de marcher sur Moscou le 24 juin 2023. Cette tentative n'est pas restée sans réponse. Le 23 août de la même année, on a assisté à la décapitation de la tête de Wagner avec la disparition de ses principaux chefs, dont Evgueni Prigogine, dans un accident d'avion survenu en territoire russe. L'un des objectifs à long terme de la Russie, à travers Africa Corps, est « vraisemblablement d'étendre

[193] Ce Groupe était financé par Evgueni Prigojine, homme d'affaires, réputé proche du président Poutine.

son influence à toute l'Afrique.[194]». En effet, depuis le retrait des forces françaises du Mali[195] et du Burkina Faso[196], la présence des paramilitaires russes est signalée dans ces deux pays dans le cadre de la lutte contre le terrorisme islamique[197].

4.1.2. Risques d'atteinte à la souveraineté

À partir des années 70, la présence des SMP en Afrique a commencé à être source de grandes inquiétudes. C'est ainsi que fut adoptée à Libreville, en juillet 1977, la Convention africaine sur l'élimination du mercenariat, entrée en vigueur le 22 avril 1985[198]. Au niveau mondial, il existe aussi la Convention internationale contre le recrutement, l'utilisation, le financement et l'instruction de mercenaires adoptée le 4 décembre 1989, et en vigueur depuis 2001[199]. Malgré son importance, aucun membre

---

[194] Nicodemus Mind, Institut d'études et de Sécurité (ISS), *« Africa Corps : la Russie fait-elle du neuf avec du vieux ? »,* 7 mars 2024

[195] Le 2 mai 2022, les autorités militaires au pouvoir au Mali, par un Communiqué, ont dénoncé le Traité Franco-Malien de coopération en matière de défense, signé le 16 juillet 2014. Le même communiqué dénonce les accords de coopération en matière de défense avec les autres pays européens dans le cadre de la Task Force européenne *« Takuba ».* Cette force est présente depuis 2020 dans le Sahel sur appel de Paris.

[196] Le 23 janvier 2023, les autorités militaires au pouvoir au Burkina Faso confirment l'ordre donné aux forces militaires françaises de quitter le territoire Burkinabé, et dénoncent le 26 février 2023 l'Accord d'assistance militaire technique, conclu à Paris le 24 avril 1961, entre la République de Haute-Volta (ancienne appellation du Burkina Faso) et la République française, y compris ses deux annexes. Source : le Monde, *Le Burkina dénonce un accord militaire de 1961 avec la France,* le 2 mars 2023.

[197] Ces deux pays accusent en effet la France d'avoir été incapable de venir à bout du terrorisme islamique dans le Sahel.

[198] La Guinée a adhéré à cette convention le 14 mars 2003.

[199] La Guinée y a adhéré le 18 juillet 2003.

permanent du Conseil de Sécurité des Nations Unies n'a adhéré à cette Convention, alors même que ce sont eux qui sont en charge, depuis 1945, d'assurer la paix et à la sécurité internationales.

Il importe de souligner également que, depuis la fin de la guerre froide dans les années 90, trois principaux facteurs ont contribué à l'essor des SMP dans le monde. Le premier est la volonté des États les plus puissants de maitriser leurs dépenses militaires. Cette politique budgétaire s'est traduite par l'externalisation de certaines activités, jusque-là assurées en interne (transport, logistique, renseignement, surveillance des sites sensibles, etc.). Le deuxième facteur est le ménagement des opinions publiques occidentales, allergiques aux images montrant leurs soldats tués ou déchiquetés dans des guerres à l'étranger, d'où le recours aux SMP qui recrutent des mercenaires chargés de faire la guerre. Le troisième facteur est le rôle que ces sociétés sont à même de jouer pour asseoir dans certains pays, l'influence des États dont elles sont originaires. La plupart du temps, les États puissants font faire par ces sociétés, non régies par le droit international, ce qu'ils ne peuvent se permettre de faire au nom de ce droit.

À la différence des États africains qui recrutent les SMP pour protéger leur territoire contre certaines menaces intérieures et extérieures, les pays développés, eux, les recrutent généralement pour faire la guerre à l'étranger (Blackwater en Irak, par exemple) en vue d'asseoir leurs objectifs géopolitiques. Si les pays développés confient à ces STM quelques fonctions logistiques sur leur territoire, leurs armées nationales, bien équipées et formées, demeurent, en dernier lieu, responsables de la défense de leurs intérêts vitaux. En effet, ces États prennent le plus grand soin à externaliser les segments qui ne compromettent pas leur indépendance. C'est tout le contraire qui se passe en Afrique. C'est généralement le segment le plus vital qui est externalisé. Dans les faits, ces sociétés ont tendance à se substituer à l'armée nationale dans la défense même du territoire national. Le risque qui en résulte pour un État africain est le déploiement sur son territoire d'une force militaire plus puissante que son armée nationale.

Ainsi, la rébellion du groupe Wagner contre le pouvoir russe doit faire méditer les pouvoirs africains qui délèguent la mission de défense de leur territoire aux SMP. En cas de désaccord important et persistant entre une SMP surarmée, non régi par le droit international et un État africain, comment ce conflit sera-t-il résolu. Par la voie des négociations (à quel prix pour l'État africain), ou par la voie militaire (tout en étant conscient de la supériorité militaire des SMP) ? Dans le bras de fer qui a opposé le groupe Wagner au pouvoir russe, c'est la supériorité militaire de la Russie qui a finalement fait la différence. Que ferait un État africain en pareille circonstance ? Autant de questions qui méritent une profonde réflexion dans les pays africains qui décident de recourir aux services des SMP.

5. Politique africaine de défense commune

La question fondamentale, voire existentielle, à laquelle l'Afrique ne saurait échapper dans son ensemble est celle qui consiste à s'interroger sur la vision à long terme qu'elle a de sa propre sécurité ? Cette sécurité devrait-elle résider dans les accords avec les SMP, les États tiers ou dans la politique africaine de défense commune (PADC) placée sous l'égide de l'UA ? compte tenu des risques que comporte certains accords de défense avec les SMP et les États tiers, la voie la plus indiquée pour l'Afrique d'assurer la défense et la sécurité de ses États, dans les conditions compatibles avec sa souveraineté, est le recours à une politique de défense commune. Cette politique ne devrait pas empêcher un État, qui le décide, de conclure un accord de défense avec un État tiers, à condition que cet accord soit compatible avec les objectifs de la politique africaine de défense commune. Il sera alors question d'analyser, ici, le cadre institutionnel de la politique africaine de défense commune et de réfléchir sur les conditions de réussite de cette politique.

5.1. Cadre institutionnel

Dans le cadre de l'UA, c'est le Conseil de Paix et de Sécurité (CPS) qui est l'organe chargé de mettre en œuvre la PADC[200]. Le CPS est mis en place par le Protocole de l'UA, adopté en 2002 à Durban, en Afrique du Sud. Dans son article 2, ce Protocole prévoit un « système de sécurité collective et d'alerte rapide visant à permettre une réaction rapide et efficace aux situations de conflit et de crise en Afrique. ». Dans ses fonctions, le CPS est, entre autres, chargé de promouvoir la paix et la stabilité en Afrique, de donner l'alerte et de conduire une diplomatie préventive à travers la médiation et la conciliation. Mais aussi d'intervenir sur le plan militaire en cas de crimes de guerre ou de crimes contre l'humanité dans un pays sur décision de la conférence des chefs d'État et de gouvernement, et de mener les actions de reconstruction postconflit. Le CPS interdit également, en se référant à la Charte africaine de démocratie, des élections et de la gouvernance, tout changement anticonstitutionnel de gouvernement dans un pays. La Charte dans son article 23 entend par changement anticonstitutionnel de gouvernement, aussi bien les coups d'État militaires qui renversent un gouvernement élu, que les modifications et révisions constitutionnelles, qui visent à empêcher l'alternance démocratique dans un État. Les sanctions prévues contre de tels changements, en cas

---

[200] Youssouf Sylla (guineenews), *La politique africaine de défense commune,* le 25 mai 2022

d'échec de négociations diplomatiques, portent essentiellement sur la suspension de la participation de l'État concerné aux activités de l'UA.

Composé de 15 membres sans aucun droit de veto, le CPS, l'équivalent en Afrique du Conseil de sécurité de l'ONU, compte 5 membres, avec un mandat de 3, ans et 10 autres membres, avec un mandat de 2 ans. Les moyens institutionnels à sa disposition pour mener ses actions en faveur de la paix et de la sécurité sont :

la Commission de l'UA ;
le Groupe des sages ;
le Système continental d'alerte rapide ;
la force africaine prépositionnée ou la Force africaine en Attente[201] (FAA) , et ;
le Fonds pour la paix.

Toutefois, la construction d'une PADC ne retire pas à un État africain souverain, le droit et la liberté de conclure avec un autre État (Africain ou non) de son choix un accord de défense[202]. Mais compte tenu de l'appartenance des États africains à l'UA et à ses arrangements juridiques et institutionnels relatifs à la PADC, un État africain qui négocie un accord de défense avec un autre État devrait s'assurer que ledit accord est, d'une part, compatible avec les objectifs de la PADC qui visent, à terme, à rendre

[201] La FAA, bras armé du CPS, est constituée de contingents multidisciplinaires (civils et militaires) stationnés dans leurs pays d'origine et prêts à être déployés rapidement aussitôt que requis.
[202] En général, le besoin pour un État africain de conclure de tels accords avec un État non africain s'explique par la faiblesse de ses capacités militaires face à une menace extérieure ou intérieure ou par la faiblesse, voire l'indifférence des mécanismes africains de protection des États en danger.

l'Afrique seule responsable de sa sécurité[203], et d'autre part, respectueux de sa souveraineté[204].

5.2. Conditions de réussite

Pour construire une véritable autonomie stratégique de l'Afrique en matière de défense et de sécurité, conformément à la PADC de l'UA et à la 4e aspiration de son Agenda 2063, les États africains doivent faire preuve d'un grand volontarisme politique dans le respect de leurs engagements au titre des objectifs de la PADC, rassembler les ressources nécessaires pour la mise en œuvre effective de ces objectifs et promouvoir la démocratie et la bonne gouvernance dans le but d'instaurer un climat de paix et de sécurité dans le continent.

Volontarisme politique

Une volonté politique suppose une action décisive pour l'opérationnalisation de la FAA. Dans l'attente de cette opérationnalisation, l'UA avait mis en place en 2013, sous l'autorité du CPS, la Capacité africaine de réponse immédiate aux crises (CARIC). En 2013, la CARIC a pu fournir les troupes de la Brigade internationale d'intervention intégrée à la Mission de l'ONU pour la stabilisation de la RDC (MONUSCO). Mise en place par une Résolution du Conseil de Sécurité de l'ONU, la

[203] Ces accords ne doivent pas compromettre les engagements d'un État africain au titre de la mise en œuvre de la PADC et de la quatrième aspiration de l'Agenda 2063 de l'UA qui a l'ambition de construire une *en paix et en sécurité.*

[204] Depuis le début des années 2020, de plus en plus d'États africains dénoncent et se retirent des accords bilatéraux qu'ils jugent attentatoires à leur souveraineté. À la différence des contrats conclus entre un État et une SMP, les accords bilatéraux en matière de défense entre deux États sont soumis au droit international public.

MONUSCO avait pour mandat de faire taire les armes dans l'est de la RDC. La même CARIC avait réussi à ramener, en 2007, le calme en Somalie dans le cadre de la Mission de l'UA. Cependant, compte tenu de la faiblesse des capacités logistiques de la CARIC, ce calme fut précaire dans ce pays[205]. En février 2020, lors de la 33e session de l'UA, il a été officiellement mis fin à l'existence de la CARIC dans la perspective de rendre opérationnelle la FAA[206]. Cette opérationnalisation se fait encore attendre. Lors de la tenue du 35e sommet de l'UA en février 2022, le président de la RDC Congo, Felix Antoine Tshisekedi, a invité les chefs d'État et de gouvernement à œuvrer ensemble pour une opérationnalisation « générale et totale » de la FAA. Il estime qu'il est impérieux d'arriver à mettre en place un véritable État-major intégré dans ce cadre[207].

En effet, l'opérationnalisation de la FAA permettra à l'UA :

- d'avoir, à terme, une grande autonomie en matière d'interposition entre les parties en conflit et en matière d'imposition de la paix ;
- de mieux coordonner la lutte contre le terrorisme, la piraterie, et d'autres formes de criminalité dans le continent;
- de mettre fin à son indifférence face aux conflits qui sévissent dans le continent, et ;

---

[205] Michel Luntumbue et Oswald Padonou (GRIP), *APSA : contours et défis d'une Afrique de la défense,* 20 janvier 2014.
[206] Patrick Ferras (IRIS), *La CARIC et le débat d'idées au sein de l'Union africaine,* le 26 juin 2020.
[207] La Sentinelle (Journal), *Paix et sécurité : Tshisekedi appelle à l'opérationnalisation de la Force africaine en Attente*, du 6 février 2022.

- de faire des Africains, les premiers responsables de la gestion de leurs crises et conflits.

Mobilisation des ressources

La disponibilité des ressources est nécessaire pour financer les initiatives et autres actions en faveur de la paix et de la sécurité. Le manque de ressources paralyse la volonté politique. Jusque-là, force est de constater que l'essentiel des financements en matière de maintien de la paix et de la sécurité vient de l'extérieur du continent. En général de l'Union européenne, de l'ONU et de certains États à titre individuel[208].

Depuis 2004, l'UE finançait les opérations de maintien de la paix en Afrique à travers la Facilité africaine pour la paix (FAP). Ce financement s'était élevé « à 2,68 milliards d'euros et a concerné pour l'essentiel 16 opérations de soutien à la paix menées par l'Afrique dans 19 pays. ». Ce financement fait donc de l'UE le plus gros bailleur de fonds des missions de paix en Afrique. À partir de 2021, l'UE a décidé de remplacer la Facilité africaine pour la paix par la Facilité européenne pour la paix (FEP). Celle-ci ne fait plus de l'UA la voie de passage des fonds européens et de planification des stratégies d'intervention. Avec le nouveau dispositif, les fonds sont directement payés aux États qui interviennent dans une opération et l'UE devient l'organe de planification stratégique des interventions. De nombreux analystes craignent que la réforme du dispositif européen de financement des opérations de paix en Afrique ne se

[208] Pour la période 2020-2021, les principaux contributeurs au budget de l'ONU dans le cadre des opérations de maintien de la paix dans le monde, y compris en Afrique, se présente comme suit : États-Unis d'Amérique (27.89%), Chine (15.21%), Japon (8.56%), Allemagne (6.09%), Royaume-Uni (5.79%), France (5.61%), Italie (3.30%), Fédération de Russie (3.04%), Canada (2.73%), République de Corée (2.26%). Source : ONU, *Comment sommes-nous financés.*

traduise par une baisse de ces fonds et par une réduction sensible du rôle de l'UA en matière de paix et de sécurité dans le continent au profil des États et des CER[209].

Ainsi, le seul moyen pour l'UA d'assumer ses responsabilités dans la prévention et la gestion des crises dans le continent consiste à mettre la main à la poche. L'apport extérieur, certes indispensable, ne devrait pas détourner l'UA de l'urgence de mobiliser, en interne, les ressources requises pour la conduite de ses actions en matière de paix et de sécurité. Outre l'augmentation du niveau des engagements étatiques, cette mobilisation suppose l'exploration de nouvelles sources de financement dans le continent. Il s'agit ici de traduire, par exemple, dans les faits, les propositions de réforme du président Rwandais Paul Kagamé. Pour réduire la dépendance de l'UA des financements extérieurs, l'UA a adopté en 2018, sur proposition de Kagamé, une taxe de 0,2% sur les importations[210].

Démocratie et bonne gouvernance

La démocratie et la bonne gouvernance sont inévitablement une source de stabilité dans un pays. Elles doivent être promues dans les États africains pour atteindre les objectifs de la PADC de l'UA et de la 4e aspiration de son Agenda 2063. Il revient à chaque État, à travers une sorte de « Révolution des esprits[211] », de construire son propre modèle de démocratie ancré dans ses réalités sociales, historiques, géographiques, politiques, économiques et culturelles. Une démocratie qui se construit

[209] Irin News, *Qui doit payer pour les missions de paix en Afrique ?*
[210] Le Monde avec AFP, *L'Union africaine adopte certaines des réformes proposées par Paul Kagame*, le 19 novembre 2018.
[211] Youssouf Sylla et Aboubacar Fofana (guineenews), *Guinée : la Révolution des esprits,* le 25 septembre 2021

sur cette base est appelée à être viable. Il y a donc un travail de fond à faire par chaque État pour bâtir une véritable démocratie en son sein. C'est en se mettant à cette tâche que les régimes civils réussiront à priver de manière durable les forces armées, d'arguments à faire valoir pour faire irruption sur la scène politique. En général, les coups d'État militaires naissent et prolifèrent dans les pays où les dirigeants méprisent la démocratie, détournent les institutions de leurs objectifs, privent les citoyens de leurs droits et s'approprient des biens de la collectivité en jetant le reste de la population dans la pauvreté.

V. AUTONOMIE ÉCONOMIQUE

Même si les États africains ne sont pas logés à la même enseigne sur le plan économique, les uns étant plus avancés que les autres, deux images, du reste fortes, montrent néanmoins à quel point ce continent reste encore, malgré ses innombrables richesses (naturelles et humaines), pauvre et surtout vulnérable aux chocs extérieurs. La première image est celle de ces nombreux jeunes africains, pris dans l'étau du chômage chez eux, qui embrassent au péril de leur vie, la méditerranée à bord d'embarcations de fortune pour rallier les côtes européennes, où ils espèrent avoir une hypothétique vie meilleure. En Amérique latine, le Nicaragua est aussi devenu un pays de transit de plus en plus convoité par les Africains qui veulent rallier les USA[212]. La seconde image est celle des représentants officiels de l'UA (le président sénégalais d'alors, Macky Sall, en sa qualité de président de l'UA et le président de la Commission de l'UA, Moussa Faki Mahamat) qui se sont rendus, en juin 2022, en Russie pour demander au président Vladimir Poutine, la levée du blocus sur la mer noire afin de faciliter l'exportation par voie maritime des céréales ukrainiennes vers l'Afrique[213]. Ces deux images sont suffisantes pour dire qu'un demi-siècle après l'indépendance du continent noir, ses dirigeants peinent à

[212] Papa Atou Diaw (BBC News Afrique), *Le Nicaragua, nouvelle route de transit pour les migrants d'Afrique de l'Ouest,* le 14 octobre 2023
[213] Selon TV5 Monde, il s'agissait de sauver l'Afrique d'un *ouragan de famines.*

assurer son autosuffisance alimentaire et à offrir à sa jeune population des emplois décents.

Prenant conscience des limites de l'indépendance politique sans une indépendance économique, les premiers dirigeants et intellectuels africains se sont engagés à réfléchir sur la meilleure façon de s'organiser pour faire de leur continent, un géant économique. S'inspirant du socialisme, certains leaders proposèrent alors un modèle d'organisation basé sur les États-Unis d'Afrique. Prenant appui sur l'économie de marché, d'autres leaders proposèrent, à leur tour, un modèle d'organisation basé sur la simple coopération technique entre États libres et indépendants. Ce contexte est bien résumé par Patrick Dramé dans le passage suivant : « Si une grande partie des leaders africains des premières décennies de l'indépendance se prononce en faveur du « socialisme africain » comme soubassement à leur développement économique et social, tous n'en ont pas cependant la même conception. Alors que Diop et Nkrumah font plutôt référence au socialisme scientifique « acclimaté aux réalités et aux besoins africains », d'autres, comme le Sénégalais Senghor et l'Ivoirien Houphouët-Boigny, rejettent systématiquement le socialisme scientifique et le communisme et avalisent par la même occasion le choix du capitalisme.[214] ». Le compromis entre ces deux conceptions marquera durablement l'évolution de la pensée économique en Afrique avant de voir, après la chute du mur de Berlin et la dislocation de l'empire soviétique dans les années 90, les réalités de l'économie de marché prendre le dessus dans le monde et s'imposer aux organisations économiques africaines.

---

[214] Patrick Dramé, *Une construction identitaire dans l'Afrique postcoloniale : le projet d'États-Unis d'Afrique chez Diop et Nkrumah,* revue d'histoire Outre-mers, 2013, tome 100, n°378-379.

Le continent africain a porté diverses initiatives, tant au niveau continental qu'au niveau régional, pour son indépendance économique. Dans les deux cas, ces initiatives ont encore du mal à se concrétiser. Il sera donc question de réaliser une analyse critique de chacune de ces initiatives et de faire le point sur les principaux défis de la dernière (la Zlecaf) qui mobilise l'attention de tous, aussi bien en Afrique qu'à l'étranger.

1. Initiatives africaines pour l'indépendance économique du continent

Les principales initiatives portées par l'OUA, devenue UA, sont issues du compromis trouvé entre une approche basée sur la souveraineté étatique et une autre, basée sur la suprématie des institutions communautaires, avec néanmoins une forte prédominance de la première. Très tôt, les chefs d'État et de gouvernement de l'OUA ont aussi compris que, pour atteindre, avec plus d'efficacité, leurs objectifs au niveau continental, il était nécessaire de mettre en place des organisations sous-régionales et de les vitaliser.

Des années 70 à nos jours, les principales initiatives pour l'indépendance économique du continent découlent de la Déclaration de Monrovia, du Plan d'action de Lagos, du Traité d'Abuja, du Nepad et de la Zlecaf.

1.1. Déclaration de Monrovia

En dépit de l'existence des divergences idéologiques sur le modèle d'intégration économique à mettre en place dans le continent africain, un compromis incluant à la fois une approche nationale et une autre collective est trouvé en juillet 1979 à Monrovia (Libéria) dans la « Déclaration d'engagement de Monrovia des chefs d'État et de gouvernement de l'OUA sur les principes directeurs à respecter et les mesures à prendre pour réaliser l'autosuffisance nationale collective dans le domaine économique et social en vue de l'instauration d'un nouvel ordre économique international.[215] ». Dans le préambule de cette Déclaration, les chefs d'État et de gouvernement de l'OUA se montrent résolus, collectivement et individuellement, à restructurer « leurs programmes et stratégies économiques et sociaux en vue de parvenir à un changement socio-économique rapide » et à jeter « au niveaux national et intra-africain, les bases d'un développement et d'une croissance économique endogènes et indépendants. ». Ils demeurent toutefois conscients que seul un régime « politique qui protège les droits fondamentaux de l'homme et les libertés démocratiques est essentiel pour mobiliser les initiatives créatrices des peuples en vue d'un développement économique rapide, y compris les innovations scientifiques et technologiques. ». Sur la base de ces considérations, les chefs d'État et de gouvernement de l'OUA déclarent leurs engagements, au niveau individuel et collectif, à promouvoir le développement économique et social et l'intégration de leurs économies en vue d'accroitre l'auto-dépendance et favoriser un développement endogène et autoentretenu.

La Déclaration de Monrovia donne lieu à deux constats majeurs :

- Le premier est l'établissement d'une importante relation entre le développement socio-économique de l'Afrique et l'existence au sein des États des régimes

[215] Déclaration adoptée lors de la 16e session ordinaire de la Conférence des chefs d'État et de gouvernement de l'OUA.

démocratiques, respectueux des droits fondamentaux de l'homme.

- Le second est l'orientation des chefs d'État et de gouvernement de l'OUA vers un développement socio-économique endogène. L'idée du développement autoentretenu trouve son fondement dans la volonté des Africains de compter prioritairement sur eux-mêmes dans le cadre de leur développement.

1.2. Plan d'Action et Acte final de Lagos

Le Plan d'Action[216] et l'Acte final de Lagos[217] seront adoptés par la conférence des chefs d'État de gouvernement de l'OUA lors de sa deuxième session extraordinaire tenue les 28 et 29 avril 1980 à Lagos (Nigeria) pour mettre en œuvre la Déclaration de Monrovia. Après un diagnostic sans complaisance de la situation en Afrique, le Plan d'Action de Lagos élabore tout un catalogue d'actions à entreprendre pour le relèvement économique du continent. Ces actions portent sur les domaines suivants : alimentation et agriculture, industrie, ressources naturelles, ressources humaines, science et technologie, transports et communications, commerce et finances, coopération économique et technique. La Conférence des chefs d'État et de gouvernement dans sa Résolution sur le Plan d'Action de Lagos lancera un appel solennel à tous les États membres de l'OUA pour qu'ils adoptent des mesures pour la mise en

---

[216] Dans sa Résolution sur le Plan d'Action de Lagos, la Conférence des chefs d'État et de gouvernement a adopté le Plan d'Action pour la mise en œuvre de la stratégie de Monrovia.

[217] L'Acte final de Lagos confirme l'adhésion de la Conférence des chefs d'État et de gouvernement au Plan d'Action de Lagos et son engagement de créer d'ici 2000, sur la base d'un traité à conclure, une Communauté économique africaine afin d'assurer l'intégration économique, culturelle et sociale de l'Afrique.

œuvre du Plan d'Action de Lagos « aux niveaux national, sous-régional et continental. ».

1.2.1. BILAN

Le bilan de la mise en œuvre du Plan d'Action de Lagos fut décevant, à cause de l'écart constaté entre les intentions des chefs d'État et de gouvernement et la réalité. Évaluant les effets de ce plan sur le développement et l'expansion du commerce intra-africain, la Conférence des ministres du Commerce de l'OUA, lors de sa 11e session tenue du 15 au 19 avril 1991 à Addis-Abeba (Éthiopie)[218], a conclu que « dix années après l'adoption du Plan d'Action de Lagos, la situation économique de l'Afrique présente un tableau bien sombre à la veille d'une nouvelle décennie. ». Car, estime-t-elle, « le commerce mondial a augmenté de 14% en 1988, contre 2,6% pour le commerce africain. ». Les raisons de cette contre-performance s'expliquent par de nombreux facteurs. La Conférence cite « en premier lieu la sécheresse qui a frappé 34 pays au début et au milieu des années 80, la chute des cours des produits d'exportation combinée aux effets négatifs des taux de change fluctuants des principales devises, et enfin le poids du service de la dette (…). ». À son tour, la presse africaine évoque certaines raisons qui retiennent l'attention : [219] l'incapacité chronique des pays africains à traduire les principes directeurs adoptés au niveau continental en politiques, programmes et projets nationaux, l'illusion, dans certains cas, qu'un pays peut s'en sortir tout seul, les guerres civiles, etc.

---

[218] Commission économique pour l'Afrique (Rapport), *Examen et évaluation des effets du Plan d'Action de Lagos sur le développement et l'expansion du commerce intra-africain.*

[219] Cameroon-Info.Net, *Du Plan d'Actions de Lagos au nouveau plan de redressement économique de l'Afrique,* le 8 août 2001.

1.3. Traité d'Abuja

Il est le produit d'une des dispositions de l'Acte final de Lagos concernant l'engagement des Chefs d'État et de gouvernement de l'OUA de créer d'ici l'an 2000, sur la base d'un traité à conclure, « une Communauté économique africaine afin d'assurer l'intégration économique, culturelle et sociale » de l'Afrique. Les buts de cette communauté consistent à promouvoir :

- le développement collectif, accéléré, auto-dépendant et endogène des États membres, et ;
- la coopération entre eux et leur intégration dans tous les domaines économiques, social et culturel.

L'Acte final a également donné au Secrétaire général de l'OUA, le pouvoir de mettre sur pied un comité chargé d'élaborer un traité portant Communauté économique africaine. Ainsi, c'est le 3 avril 1991 à Abuja (Nigeria) que la Conférence des chefs d'État et de gouvernement a adopté le traité instituant la Communauté économique africaine (CEA). Ce traité est entré en vigueur le 12 mai 1994. Les ambitieux objectifs de la CEA sont décrits dans le premier paragraphe de l'article 4 de son traité fondateur[220]. Il s'agit de :

- promouvoir le développement économique, social et culturel ainsi que l'intégration des économies africaines en vue d'accroitre l'autosuffisance économique et favoriser un développement endogène et autoentretenu ;
- créer, à l'échelle continentale, un cadre pour le développement, la mobilisation et l'utilisation des

[220] La République de Guinée a signé le traité d'Abuja le 3 juin 1991 et procédé à sa ratification le 17 juillet 1992.

ressources humaines et matérielles de l'Afrique en vue d'un développement autosuffisant ;

- promouvoir la coopération et le développement dans tous les domaines de l'activité humaine en vue d'élever le niveau de vie des peuples africains, de maintenir et de promouvoir la stabilité économique, d'instaurer des relations étroites et pacifiques entre les États membres et de contribuer au progrès, au développement et à l'intégration économique du Continent, et ;
- coordonner et harmoniser les politiques entre les communautés économiques existantes et futures en vue de la mise en place progressive de la Communauté.

1.3.1. Organes

Les organes permettant l'atteinte des objectifs du traité sont prévus dans son article 7. Il s'agit de la Conférence des Chefs d'État et de gouvernement, du Conseil des ministres, du Parlement panafricain, de la Commission économique et sociale, de la Cour de Justice, du Secrétariat et des Comités Techniques Spécialisés.

Conférence des Chefs d'État et de gouvernement

Organe suprême de la Communauté, il est chargé de prendre les mesures suivantes pour la réalisation des objectifs du traité :

- déterminer la politique générale et les principales orientations de la Communauté, donner des directives, coordonner et harmoniser les politiques économiques, scientifiques, techniques, culturelles et sociales des États membres;

- prendre, conformément aux dispositions du présent traité, toute mesure en vue d'atteindre les objectifs de la Communauté ;
- assurer le contrôle du fonctionnement des organes de la Communauté ainsi que le suivi de la réalisation des objectifs de celle-ci;
- établir et adopter son règlement intérieur;
- approuver l'organigramme du Secrétariat, et;
- élire le Secrétaire général et ses adjoints.

Conseil des ministres

Composé des ministres de l'UA, son rôle consiste essentiellement à formuler des recommandations à la Conférence dans le cadre de l'atteinte des objectifs du traité. Il propose également à la Conférence le projet de budget de la Communauté.

Secrétariat

Il veille à l'exécution des décisions de la Conférence, assure l'exécution du budget de la Communauté après son approbation par la Conférence. En amont, il intervient dans la préparation du budget. Le personnel de la Communauté est recruté par le Secrétaire général. Mais celui-ci et ses adjoints sont élus par la Conférence.

Commission économique et sociale

Elle est composée des ministres responsables du développement, de la planification et de l'intégration économiques de chacun des États membres. Son principal rôle consiste à « préparer, conformément au Plan d'Action de Lagos et à l'Acte final de Lagos, les projets de programmes, les politiques et stratégies de coopération et de développement économique et social entre les pays africains, d'une part, et, entre l'Afrique et la Communauté internationale, d'autre part, et soumettre des recommandations appropriées à la Conférence par l'intermédiaire du Conseil. ».

Comités techniques spécialisés

Son principal rôle consiste à préparer les programmes et projets communautaires qui seront ensuite soumis à la Commission. Ils sont au nombre de sept dans le traité.

- le comité chargé des questions d'économie rurale et agricole ;
- le comité chargé des affaires monétaires et financières ;
- le Comité chargé des questions commerciales, douanières et d'immigration;
- le comité chargé de l'industrie, de la science et de la technologie, de l'énergie, des ressources naturelles et de l'environnement ;
- le comité chargé des transports, des communications et du tourisme;
- le comité chargé de la santé, du travail et des affaires sociales ;

et,

- le comité chargé de l'éducation, de la culture et des ressources humaines.

Mais la Conférence peut en créer d'autres ou restructurer ceux qui existent.

Cour de justice de la Communauté

Indépendante des autres organes de la Communauté, elle est habilitée à trancher les litiges, à interpréter le traité et à donner des avis juridiques. Elle a donc une compétence contentieuse et consultative à la fois. En matière consultative, seuls la Conférence et le Conseil des ministres peuvent la saisir. En matière contentieuse, elle peut être saisie par la Conférence ou un État membre de la Communauté. Les arrêts de la Cour s'imposent à la Conférence et aux États membres de la Communauté.

En 2008, fait nouveau, le Protocole portant statut de la Cour africaine de justice et des droits de l'homme[221] réalise une fusion entre la Cour de justice de l'Union africaine [222]et la Cour africaine des droits de l'homme[223]. Le siège de cette nouvelle Cour est celui de la Cour africaine des droits de l'homme, à Arusha (Tanzanie). Selon l'Institut pour les droits de l'homme et le développement (IHRDA) basé à Banjul (Gambie), cette fusion s'explique par trois raisons principales : absence de financement pour faire fonctionner séparément les deux cours, souci d'éviter une divergence entre les jurisprudences des deux cours et enfin, volonté de l'UA de mettre en place une Cour régionale effective[224].

L'article 2 du Protocole portant statut de la Cour africaine de justice et des droits de l'homme, met en place donc une Cour unique après l'abrogation par son article 1er

---

221 UA, Protocole relatif à la mise en place d'une Cour unique, juillet 2008.

222 Cette Cour a été créée en juillet 2003 sur la base du Protocole sur la Cour de justice de l'Union africaine.

223 Cette Cour a été créée en juin 1998 sur la base du Protocole relatif à la Charte africaine des droits de l'homme et des peuples portant création d'une Cour africaine des droits de l'homme et des peuples.

224 IHRDA, *La Cour africaine de justice et des droits de l'homme.*

du Protocole relatif à la Charte africaine des droits de l'homme et des peuples portant création d'une Cour africaine des droits de l'homme et des peuples adopté le 10 juin 1998 à Ouagadougou (Burkina Faso) et du Protocole de la Cour de justice de l'Union africaine, adopté le 11 juillet 2003 à Maputo (Mozambique).

L'indépendance de la nouvelle la Cour africaine de justice et des droits de l'homme est entièrement consacrée par l'article 12 de l'Annexe du Protocole de 2008 relatif au Statut de la Cour de justice et des droits de l'homme. Cette Cour siège en deux sections : section des affaires générales et section des droits de l'homme.

En vertu de l'article 28 de l'Annexe du Protocole relatif au statut de la cour, la compétence matérielle de la Cour s'étend sur :

a) l'interprétation et l'application de l'Acte constitutif;
b) l'interprétation, l'application ou la validité des autres traités de l'Union et de tous les instruments juridiques dérivés adoptés dans le cadre de l'Union ou de l'Organisation de l'unité africaine;
c) l'interprétation et l'application de la Charte africaine des droits de l'homme et des peuples, de la Charte africaine des droits et du bien-être de l'enfant, du Protocole à la Charte africaine des droits de l'homme et des peuples relatif aux droits de la femme ou de tout autre instrument juridique relatif aux droits de l'homme, auxquels sont parties les États concernés ;
d) toute question de droit international;
e) tous actes, décisions, règlements et directives des organes de l'Union;

f) toutes questions prévues dans tout autre accord que les États parties pourraient conclure entre eux, ou avec l'Union et qui donne compétence à la Cour;

g) l'existence de tout fait qui, s'il est établi, constituerait la violation d'une obligation envers un État partie ou l'Union, et ;

h) la nature ou l'étendue de la réparation due pour la rupture d'un engagement international.

Seuls les États parties et la conférence sont habilités à saisir la Cour. Le parlement et les autres organes de l'UA ne peuvent la saisir que s'ils y sont autorisés par la Conférence. Dans certaines circonstances, strictement définies, un membre du personnel de l'union peut aussi saisir la Cour.

Dans les affaires relevant des droits de l'homme, seuls sont habilités à saisir la cour, conformément à l'article 30 de l'Annexe du Protocole, les États parties, la Commission africaine des droits de l'homme, le Comité africain d'experts sur les droits et le bien-être de l'enfant, les organisations non gouvernementales accréditées auprès de l'UA ou de ses organes, les institutions nationales des droits de l'homme et les personnes physiques sous réserve des dispositions de l'article 8 du Protocole. L'article 8 concerne la Déclaration par laquelle un État partie accepte la compétence de la cour sur un recours formulé à son encontre par une personne physique ou une organisation non gouvernementale. Sans cette Déclaration d'acceptation de la compétence de la Cour par l'État partie, la Cour déclare irrecevable la requête formulée contre ledit État par une personne physique ou une organisation non gouvernementale.

Il ressort de l'examen de l'article 28 de l'Annexe du Protocole relatif au statut de la cour que les questions d'intégration économiques inscrites dans différents instruments juridiques adoptés par l'UA relèvent de la compétence de la Cour, plus précisément de sa section chargée des Affaires générales. L'article 17 (alinéa 1) de l'Annexe du Protocole relatif au statut de la cour précise à cet effet que « la section des affaires générales est saisie de toute affaire introduite en vertu de l'article 28 du présent Statut, à l'exception des affaires portant sur des questions de droits de l'homme et/ou des peuples ». Il s'agit dans ce cas de toute affaire ayant trait à :

- l'interprétation et l'application de l'acte constitutif;
- l'interprétation, l'application ou la validité des autres traités de l'Union et de tous les instruments juridiques dérivés adoptés dans le cadre de l'Union ou de l'Organisation de l'unité africaine;
- toute question de droit international;
- tous actes, décisions, règlements et directives des organes de l'Union;
- toutes questions prévues dans tout autre accord que les États parties pourraient conclure entre eux, ou avec l'Union et qui donne compétence à la cour;
- l'existence de tout fait qui, s'il est établi, constituerait la violation d'une obligation envers un État partie ou l'Union, et;
- la nature ou l'étendue de la réparation due pour la rupture d'un engagement international.

Il convient toutefois de noter que, selon les dernières statistiques de l'UA sur le dépôt des instruments de ratification, le Protocole qui met en place cette nouvelle Cour régionale unique n'est pas encore entré en vigueur. Il est en effet exigé que 15 pays déposent leurs instruments de ratification.

Parlement panafricain

Outre l'article 7 du traité d'Abuja et l'article 17[225] de l'acte constitutif de l'UA, qui posent le principe de création du parlement panafricain, ce sont deux Protocoles, l'un adopté en 2001 et l'autre en 2014, qui déterminent les prérogatives et le rôle de ce parlement[226], notamment sur le plan de l'intégration économique.

Ainsi, dans le préambule du Protocole au traité instituant la CEA relatif au parlement panafricain[227], la Conférence note que la création du parlement « s'inscrit dans le cadre de la vision tendant à offrir une plate-forme commune aux peuples africains et à leurs organisations communautaires en vue d'assurer leur plus grande participation aux discussions et à la prise des décisions concernant les problèmes et les défis qui se posent au continent. ». Autrement, il s'agit ici pour l'UA, à travers ce parlement, de faire participer les peuples africains au processus d'intégration économique du continent. Toutefois, l'optimisme dégagé dans le préambule du Protocole cède très rapidement face à la volonté des chefs d'État et de gouvernement de garder, pour eux seuls, le pouvoir décisionnel. Cette volonté est clairement affichée dans

---

[225] Selon les dispositions de cet article, le Parlement africain est mis en place pour assurer *la pleine participation des peuples africains au développement et à l'intégration économique du continent.*

[226] Mis en place en 2004, il est composé de plus de 200 députés représentant plus de 50 États africains. Son siège est à Midrand (Afrique du Sud).

[227] Adopté le 2 mars 2001 à Syrte (Libye) lors de la 5e session extraordinaire de la Conférence des chefs d'État et de gouvernement de l'UA, le Protocole est entré en vigueur le 14 décembre 2003.

l'article 2, alinéa 3 du Protocole qui ne laisse au parlement qu'un pouvoir consultatif. L'article précité dispose que « l'objectif ultime du parlement panafricain est de devenir, à terme, une institution dotée des pleins pouvoirs sur le plan législatif et dont les membres sont élus au suffrage universel direct. Toutefois, jusqu'à ce que les États membres en décident autrement par amendement du présent Protocole : (i) le Parlement panafricain ne dispose que de pouvoirs consultatifs ; (ii) les membres du parlement panafricain sont désignés conformément aux dispositions de l'article 4 du présent Protocole. ».

À la lecture de cet article, on se rend compte que le renforcement des prérogatives du parlement panafricain, notamment sur le plan législatif et de l'élection au suffrage universel direct des députés, est complètement rejeté aux calendes grecques par les chefs d'État et de gouvernement de l'UA[228]. Selon l'article 4 du Protocole, chaque État désigne cinq députés, dont une femme, pour le représenter. Néanmoins, chaque État doit s'assurer que ses délégués représentent les différents courants de pensée qui existent au sein de leurs organes législatifs. En vertu de l'article 5 du Protocole, la durée du mandat des députés panafricains est liée à la durée de leur mandat au sein des organes législatifs de leur pays.

Une décennie après, ce Protocole connaitra, à travers le Protocole à l'acte constitutif de l'UA relatif au parlement panafricain, une très mince évolution vers le renforcement des prérogatives du parlement panafricain. Adopté lors de la 23e session ordinaire de la Conférence des chefs d'État et de gouvernement de l'UA tenue le 27 juin 2014 à Malabo (Guinée-Équatoriale), le Protocole de Malabo déroule les objectifs du parlement panafricain dans son article 3. Parmi

[228] Les députés panafricains sont désignés par leurs États respectifs.

ces objectifs figurent, d'une part, la volonté de « donner une voix aux peuples et à la diaspora africains » de « contribuer à un avenir plus prospère pour les peuples africains en favorisant l'autosuffisance collective et le redressement économique » et, d'autre part, la volonté de « renforcer la solidarité, la coopération et le développement continentaux et créer un sentiment de communauté de destin. ».

Les trois principaux points sur lesquels le Protocole de Malabo semble prendre une avance sur celui de Syrte portent sur :

- la représentation des femmes dans la délégation de chaque État au parlement panafricain. Au lieu d'une femme parmi les cinq délégués, le Protocole de Malabo dans son article 4 exige désormais la présence de deux femmes ;
- La durée du mandat du député panafricain. En vertu de l'article 6 du Protocole de Malabo, cette durée est de cinq ans, renouvelable une fois. Elle ne correspond plus, comme dans le Protocole de Syrte, à la durée du mandat législatif du député dans son pays, et ;
- le niveau d'implication dans le travail législatif. Dans son article 8, le Protocole de Malabo offre au parlement, l'opportunité de proposer à la Conférence des « projets de lois types ». Mais c'est la Conférence de qui détermine préalablement les domaines ou sujets dans lesquels le parlement peut faire de telles propositions. Dans l'article 11 du Protocole de Syrte, le Parlement n'avait pour l'essentiel qu'un pouvoir de recommandation et non de proposition de « projets de lois types ».

À part ces trois points, les deux Protocoles maintiennent la main lourde de la Conférence des chefs d'État et de gouvernement de l'UA sur les leviers de décisions en matière d'intégration économique. Dans ces deux

Protocoles, les députés sont de simples délégués de leurs parlements nationaux et non des députés élus au suffrage universel direct pour représenter leurs peuples au parlement panafricain. De plus, ces députés ne disposent d'aucun pouvoir pour infléchir l'action de la Conférence. L'extrême timidité avec laquelle la Conférence fait évoluer les prérogatives du parlement panafricain traduit en quelque sorte son opposition à la démocratisation du processus d'intégration économique dans le continent.

Pour schématiser, on peut dire que les organes de la Communauté tels que mis en place par le traité d'Abuja sont en gros dotés de trois formes de pouvoirs, un pouvoir de décision, un pouvoir d'exécution et un pouvoir de recommandations.

Le pouvoir de décision est concentré entre les mains de deux organes : la Conférence des chefs d'État et de gouvernement et la cour africaine de justice et des droits de l'homme. En effet, c'est la Conférence qui oriente la vie de la communauté, adopte son budget et élit son Secrétaire général et ses adjoints. Quant à la Cour africaine de justice et des droits de l'homme, c'est elle qui tranche les litiges qui surgiront des actions ou omissions des États parties et des organes de la Communauté dans le cadre de la mise en des objectifs de la CEA. Les arrêts par lesquels la cour vide un contentieux s'imposent à tous : États parties et organes de la Communauté. Ainsi, tout comme la Conférence par ses différents actes, la cour peut aussi, au travers de ses arrêts, jouer un rôle déterminant dans la régulation de la vie économique de la Communauté.

Le pouvoir d'exécution est entre les mains du Secrétariat de la Communauté. Car c'est bien cet organe qui veille à l'exécution des décisions de la Conférence et assure l'exécution du budget de la Communauté.

Enfin, le pouvoir de recommandations est quant à lui concentré entre les mains du Conseil des ministres, de la Commission économique et sociale, des comités techniques et du parlement panafricain. Ces différents organes n'ont aucun pouvoir de décision. Si l'absence de pouvoirs de décision est compréhensible au niveau des trois premiers organes, il en va différemment lorsqu'il s'agit du parlement panafricain. Dans le traité d'Abuja, le parlement est privé de plusieurs prérogatives qui font généralement la force d'un parlement communautaire comme celui de l'Union européenne. Il s'agit notamment de sa participation, à travers le mécanisme de la codécision avec la Conférence, à l'adoption des actes législatifs de la Communauté et de son budget. Mais aussi, de son pouvoir d'ouvrir une enquête parlementaire en cas de violation du traité par un organe de la Communauté.

Il ressort de l'analyse des pouvoirs de chaque organe de la Communauté et des rapports qu'ils entretiennent entre eux que l'arrangement institutionnel mis en place par le traité d'Abuja relègue complètement au second plan le parlement panafricain et concentre tout le pouvoir de décision concernant la marche de la Communauté entre les mains de la Conférence des chefs d'État et de gouvernement. On est donc dans ces conditions très loin de la Communauté des peuples africains tant que ce déséquilibre n'est pas corrigé.

1.3.2. CALENDRIER POUR LA MISE EN PLACE DE LA COMMUNAUTÉ

Conformément aux dispositions de l'article 6 du traité,[229] un délai de 34 ans est prévu pour la mise en place effective de la Communauté. Selon le tableau ci-dessous, cette période est composée de différentes étapes, 6 au total. À chaque étape correspondent quelques objectifs à atteindre, selon une période plus ou moins longue, avant de passer à la prochaine étape.

Étapes	Objectifs à atteindre	Délais prévus
1	Renforcer le cadre institutionnel des communautés économiques régionales existantes et créer de nouvelles communautés là où elles n'existent pas	5 ans
2	Au niveau de chaque communauté économique régionale : ▪ stabiliser les barrières tarifaires et non tarifaires, les droits de douane et les taxes intérieures; ▪ fixer, après études, le calendrier pour l'élimination progressive des barrières tarifaires et non tarifaires entravant le commerce régional et intracommunautaire ainsi que pour l'harmonisation graduelle des droits de douane vis-à-vis des États tiers; ▪ renforcer l'intégration sectorielle aux niveaux régional et continental, de tous les secteurs d'activité et en particulier dans les domaines du commerce, de l'agriculture, de la monnaie et des finances, des transports et communications, de l'industrie et de l'énergie, et; ▪ coordonner et harmoniser les activités entre les communautés économiques existantes et futures.	8 ans

[229] Toutefois, cette période est portée à 40 ans par le dernier alinéa de l'article 6 du Traité d'Abuja.

3	Mise en place au niveau de chaque communauté économique régionale d'une Zone de Libre Échange, d'une Union Douanière et d'un Tarif extérieur commun.	10 ans
4	Coordonner et harmoniser les systèmes tarifaires et non tarifaires entre les différentes communautés économiques régionales en vue de la mise en place d'une Union Douanière au niveau continental par l'adoption d'un tarif extérieur commun.	2 ans
5	Mise en place d'un marché commun africain à travers : ▪ l'adoption d'une politique commune dans certains domaines clefs (agriculture, transports ▪ et communications, industrie, énergie et la recherche scientifique, etc.), ▪ l'harmonisation des politiques monétaires, financières et fiscales; ▪ la mise en œuvre du principe de la libre circulation des personnes ainsi que l'application des droits de résidence et d'établissement, et; ▪ la création de ressources propres à la Communauté.	4 ans
6	Consolider le marché commun africain, notamment par la création d'un parlement africain, la libre circulation des personnes, des biens, des capitaux et des services, la création d'un Fonds Monétaire africain, d'une Banque Centrale africaine et d'une monnaie africaine unique.	5 ans

Source : tableau réalisé à partir des dispositions du Traité d'Abuja.

1.3.3. Piliers

Les communautés économiques régionales (CER)[230] constituent les piliers de la CEA. Ce sont elles qui doivent

[230] Les CER reconnues par l'UA sont les suivantes : l'Union du Maghreb arabe (UMA), le Marché commun de l'Afrique orientale et australe (COMESA), la Communauté des États sahélo-sahéliens (CEN-

être suffisamment vitalisées et coopérer entre elles pour pouvoir enfin donner lieu à un marché africain intégré. Selon le premier paragraphe de l'article 28 du traité d'Abuja, « au cours de la première étape, les États membres s'engagent à renforcer les communautés économiques régionales existantes et à en créer là où il n'en existe pas, en vue de la mise en place progressive de la Communauté. ».

Alors que ce traité fondait d'énormes espoirs sur les CER, force est de constater, selon différentes sources, y compris un rapport de l'UA sur l'intégration africaine en 2023[231], que de manière générale, le bilan de celles-ci reste fort mitigé. Le rapport faisait état de constats suivants concernant les CER :

Union du Maghreb arabe (UMA)

Instituée en 1989 par le traité de Marrakech, l'UMA a adopté, en 1991, une importante « Stratégie commune de développement du Maghreb arabe » visant la construction d'une Communauté économique maghrébine. Toutefois, indique le rapport, la mise en œuvre de cette stratégie se heurte à de nombreux défis. Outre la faiblesse du commerce intermaghrébin et la lutte contre la désertification, le dossier du Sahara occidental, qui enveniment les relations entre le

---

SAD), la Communauté d'Afrique de l'Est (CAE), la Communauté économique des États de l'Afrique centrale (CEEAC), la Communauté économique des États de l'Afrique de l'Ouest (CEDEAO), l'Autorité intergouvernementale pour le développement (IGAD), et la Communauté de développement de l'Afrique australe (SADC).

[231] UA, *L'état de l'intégration régionale et continentale en Afrique.* Ce document a été produit à l'occasion de la 5e réunion de coordination semestrielle entre l'Union africaine, les Communautés économiques régionales et les Mécanismes régionaux, tenue le 16 juillet 2023 à Nairobi (Kenya).

Maroc et l'Algérie, font partie des défis à relever par cette l'UMA[232].

Marché commun pour l'Afrique orientale et australe (COMESA)

Il constitue une importante zone de libre-échange qui regroupe 21 pays avec une population totale estimée à 583 millions d'habitants. C'est en 1994 que le COMESA a remplacé la Zone d'échanges préférentiels (ZEP) qui existait depuis 1981. Étant le plus grand marché du commerce et de l'investissement en Afrique[233], le COMESA a notamment l'ambition de devenir une grande communauté économique. Il a enregistré, selon le rapport de l'UA, une « augmentation significative du commerce à l'échelle mondiale et dans la région au-dessus des niveaux d'avant la pandémie. ». Toutefois, la « prolifération des barrières non tarifaires constitue un véritable handicap pour la mise en œuvre efficace des programmes du COMESA. ». Un autre défi, indique le rapport, est « la lenteur de la domestication et la mise en œuvre retardée des engagements convenus et des protocoles. ».

Communauté des États Sahélo-Sahariens (CEN-SAD)

Elle est mise en place en février 1998 à Tripoli (Libye). Parmi ses objectifs figurent la mise en place d'une union économique globale et l'élimination de tous les obstacles

[232] Senén Florensa et Jordi Bertran, (Revue Afkar/idées), *Défis et priorités de L'Union du Maghreb arabe.* Entretien avec Habib Ben Yahya, diplomate tunisien et ancien secrétaire général de L'Union du Maghreb arabe.
[233] Site web du COMESA.

entravant l'unité de ses États membres[234]. Selon le rapport de l'UA, « la CEN-SAD est confrontée à un défi majeur qui fait obstacle à une intégration efficace : l'appartenance des États membres à une multitude de CER est un obstacle majeur à une intégration régionale et continentale efficace. En effet, la CEN-SAD est la seule CER qui regroupe des États membres de six (6) autres CER, et donc autant de dispositifs communautaires enchevêtrés qui s'affrontent au sein d'une même enceinte (...). ».

Communauté de l'Afrique de l'Est (CAE)

Mise en place en 2000, la CAE est aujourd'hui composée de 8 États membres. Elle s'est dotée de dispositifs sur une union douanière, un marché commun et une union monétaire. Sur le plan pratique, on constate la libre circulation de personnes et de services dans l'espace de la communauté. La CAE porte également d'ambitieuses politiques d'intégration avec un but ultime, la mise en place un État fédéral. Cet objectif est inscrit dans le 2e paragraphe de l'article 5 de son traité constitutif. La CAE repose sur trois piliers : une politique étrangère commune, une politique sécuritaire commune et la mise en œuvre effective de tout le dispositif relatif à l'union douanière, au marché commun et à l'union monétaire. En attendant la concrétisation de cet État fédéral, indique le rapport de l'UA, la rédaction d'un projet de constitution confédérale est déjà engagée au sein de la communauté.

[234]ONU : Commission économique pour l'Afrique, *La Communauté des États Sahélo-Sahariens (CEN-SAD).*

Communauté de développement de l'Afrique australe (SADC)

Dans sa forme initiale, il s'agissait de la conférence de coordination pour le développement de l'Afrique australe (SADCC) mise en place en 1980 à Lusaka (Zambie). Son objectif était de faire avancer la cause de la libération politique nationale en Afrique du Sud et de réduire la dépendance envers l'Afrique du Sud alors sous le régime de l'apartheid, grâce l'utilisation des caractéristiques et des atouts spécifiques de chaque pays[235]. Avec la fin du régime d'apartheid, la SADCC est remplacée en 1992 par la SADC. Le traité qui fonde cette dernière prévoit ses objectifs dans son article 5. Il s'agit, entre autres, du développement et de la croissance économique à travers l'intégration régionale, du développement des valeurs politiques, des systèmes et des institutions communes, de la promotion de la paix et la sécurité, de l'utilisation durable des ressources naturelles et de la protection de l'environnement. Toutefois, selon le Centre européen pour la gestion des politiques de développement (ECDPM), « la mise en œuvre au niveau national des politiques régionales est entravée par un certain nombre de facteurs structurels profondément ancrés, tels que les grandes disparités en termes de politiques, de passé colonial, de taille du pays, de structures et de ressources économiques, qui ont façonné l'Histoire de ces pays (…).[236] ».

---

[235]ONU : Commission économique pour l'Afrique, *SADC- La Communauté de développement de l'Afrique australe.*

[236] Jan Vanheukelon (ECDPM), *SADC, comment cohabiter avec un puissant voisin ?*

Communauté économique des États de l'Afrique centrale (CEEAC)

Mise en place à Libreville (Gabon) en 1983, la CEEAC est aujourd'hui composée de 11 États membres[237]. À travers ses objectifs, elle vise « à promouvoir la coopération et le renforcement de l'intégration régionale en Afrique Centrale dans tous les domaines de l'activité politique, sécuritaire, économique, monétaire, financière, sociale, culturelle, scientifique et technique en vue de réaliser l'autonomie collective, d'élever le niveau de vie des populations, d'accroitre et de maintenir la stabilité économique, de renforcer et de préserver les étroites relations pacifiques entre ses États membres et de contribuer au progrès et au développement du continent africain. [238] ». Si la CEEAC a obtenu quelques résultats dans les domaines du transport (adoption d'un Plan de Développement Consensuel des Transport en Afrique Centrale), de l'énergie (mise en place d'un Pool énergétique d'Afrique centrale) et du commerce (ambition de créer un marché commun), il convient toutefois de relever qu'elle est confrontée à deux grands défis : sécuritaire (existence d'États fragiles au sein de communauté) et économique (difficultés d'élimination entre les États membres des barrières tarifaires et non tarifaires).

---

[237] Angola, Burundi, Cameroun, République centrafricaine, Congo, Gabon, Guinée Équatoriale, République Démocratique du Congo, Rwanda, São Tomé et Príncipe et Tchad.

[238]CEEAC : *Présentation de la Communauté économique des États de l'Afrique Centrale.*

Autorité intergouvernementale pour le développement (IGAD)

Au départ, il s'agissait de l'Autorité intergouvernementale sur la sécheresse et le développement créée en 1986 (IGADD) pour répondre spécifiquement aux différentes crises climatiques et environnementales (famine, sécheresse et autres catastrophes naturelles) qui avaient frappé de plein fouet l'Afrique de l'Est dans les années 80. En 1996, l'IGADD est remplacée par l'Autorité intergouvernementale pour le développement (IGAD), composée aujourd'hui de 8 États membres[239] dans le but de revitaliser l'organisation et d'élargir son champ de compétences. De la stricte question de lutte contre la sécheresse et la famine, l'IGAD s'occupe désormais des questions économiques, politiques et sécuritaires. Ainsi, parmi les principaux objectifs de l'IGAD, figure l'harmonisation des politiques, notamment en matière de commerce et de douanes[240]. De manière concrète, l'IGAD a mis en place divers organes pour travailler dans trois principaux axes[241] : le premier est le développement économique et social à travers la mise en place du Centre de développement de l'IGAD (IGAD-CD) pour coordonner les efforts des États membres dans le domaine du développement. Le deuxième est la coopération régionale. À ce titre, le Conseil intergouvernemental pour les chemins de fer d'Afrique de l'Est (CICF) ambitionne de réaliser un réseau de chemin de fer dans la région en vue de faciliter la libre circulation des personnes et des biens. Enfin, le troisième axe est la promotion de la paix et de la sécurité

---

[239] Djibouti, l'Éthiopie, l'Érythrée, le Kenya, la Somalie, le Soudan du Sud, le Soudan et l'Ouganda.

[240]ONU : Commission économique pour l'Afrique, *IGAD – Autorité intergouvernementale pour le développement.*

[241]La Nation (Journal djiboutien), *IGAD : un pilier économique et sécuritaire dans une région en effervescence,* le 11 juin 2023.

dans région. Dans ce cadre, l'IGAD a mis en place le Centre de coordination des mesures de confiance et de sécurité (CCMS) dans le but d'assurer, dans un cadre coopératif, la montée en puissance des forces armées de la région.

Derrière ces efforts de coordination et de coopération entre les États membres de l'IGAD, se cachent de nombreux défis que l'organisation doit relever pour être en phase avec ses objectifs[242]. Il s'agit d'abord de son autonomie décisionnelle. En effet, sur le plan de son financement, on relève une certaine dépendance du Secrétariat de l'organisation de l'agenda des bailleurs de fonds. À part l'Éthiopie, qui a la réputation de régler l'intégralité de sa contribution en tant qu'État membre, une bonne partie du financement de l'IGAD et même de l'IGADD avant elle, est assurée par ces bailleurs. À la faiblesse de l'autonomie décisionnelle de l'IGAD se greffe une autre faiblesse, celle des capacités institutionnelles de ses États membres. Cette faiblesse entrave la mise en œuvre des politiques et des programmes régionaux[243]. L'IGAD est aussi confrontée au défi d'accélérer le processus d'intégration des économies de ses États membres. Car les efforts qui existent à ce niveau, résultent non pas de l'IGAD, mais d'accords bilatéraux dont l'initiative revient souvent à l'Éthiopie. Enfin, la paix et la sécurité dans la région constituent un défi majeur qui doit être relevé par l'IGAD pour permettre la réalisation de ses objectifs économiques.

---

242 Bruce Byiers, (ECDPM), *IGAD : Diplomatie de haut niveau et pragmatisme dans une région turbulente.*

243 La Nation (Journal djiboutien), *IGAD : un pilier économique et sécuritaire dans une région en effervescence,* le 11 juin 2023.

Communauté économique des États de l'Afrique de l'Ouest (CEDEAO)

Elle est mise en place le 28 mai 1975 à Lagos (Nigeria) par la conférence des chefs d'États et de gouvernement de 15 États[244]. Son but est « de promouvoir la coopération et l'intégration économique dans la perspective d'une union économique de l'Afrique de l'Ouest, en vue d'élever le niveau de vie de ses peuples, de maintenir et d'accroitre la stabilité économique, de renforcer les relations entre les États membres et de contribuer au progrès et au développement du continent africain. ».

En matière d'intégration, deux dispositifs institutionnels de la CEDEAO peuvent être évoqués. Le premier est le Protocole sur la libre circulation des personnes, le droit de résidence et d'établissement adopté en 1979 à Dakar (Sénégal). En vertu de l'article 2 du Protocole, sur une période de 15 ans à compter de l'entrée en vigueur du Protocole, les étapes suivantes devront être franchies par les États pour donner à ce dispositif tout son sens : première étape (droit d'entrée et abolition de visa), deuxième étape (droit de résidence) et troisième étape (droit d'établissement). Il convient d'observer que la mise en œuvre de ce Protocole connait un important succès, les citoyens de l'espace CEDEAO peuvent désormais librement voyager dans la région sans visas. Le second dispositif est le Schéma de Libéralisation des Échanges (SLE), adopté en 1979 dans le cadre de la mise en place

---

[244] Bénin, Burkina Faso, Côte d'Ivoire, Gambie, Ghana, Guinée, Guinée-Bissau, Liberia, Mali, Mauritanie, Niger, Nigeria, Sierra Leone, Sénégal et Togo. Le Cap vert a adhéré en 1976 à la CEDEAO. En ce qui concerne la Mauritanie, elle s'en est retirée en 2000. Son retrait s'explique par l'orientation de sa diplomatie vers l'Union du Maghreb arabe. Toutefois, elle reste proche de la CEDEAO à travers un accord d'association signé avec celle-ci.

d'une Zone de Libre-Echange (ZLE) conformément à l'article 3 du Traité révisé de la CEDEAO. Au départ, le SLE ne portait que sur les produits agricoles et les objets de l'artisanat faits à la main. Mais depuis 1990, il est élargi aux produits industriels. Toutefois, seuls les produits dits « originaires » de la CEDEAO bénéficient des avantages du SLE. Il convient de noter que la mise en place de ces dispositifs n'a pas encore permis aux échanges intracommunautaires de connaitre un essor significatif. Selon certaines études, le commerce intracommunautaire de la CEDEAO « représente environ 9,0% du total des exportations des pays membres et 10,5% du total des importations.[245] ». Enfin, la CEDEAO, toujours dans un esprit d'intégration, adopte d'importantes politiques communes dans divers domaines : investissement, libre concurrence, environnement, etc.

Parallèlement à sa vocation économique, la CEDEAO, depuis le début des années 90, est aussi engagée, à travers sa force d'interposition dénommée Economic Community of West States Cease-fire Monitoring (ECOMOG), dans les opérations de maintien de la paix dans certains de ses États membres en proie à un conflit fratricide. Dans les années 90, elle est intervenue pour mettre fin aux guerres civiles au Libéria et en Sierra Leone. Outre ces deux pays, elle interviendra aussi comme une force de pacification en Guinée-Bissau (1999), en Côte d'Ivoire (2003), au Mali contre les djihadistes (2013) et en Gambie (2017)[246]. Faisant un lien entre la stabilité constitutionnelle de ses États membres et la réalisation des objectifs

---

245 ONU : Commission économique pour l'Afrique, *Accords commerciaux et flux de commerce dans la CEDEAO : Le partage d'une monnaie unique est-il déterminant ?*

246 Hadrien Valat (Les Échos), *La CEDEAO, une organisation économique rompue aux interventions militaires,* le 13 août 2023.

communautaires, la CEDEAO s'est dotée en décembre 2001 d'un Protocole sur la « démocratie et la bonne gouvernance ». Ce Protocole confère à l'organisation ouest-africaine un droit d'ingérence dans les affaires intérieures de ses États membres en cas de menace grave et sérieuse à la démocratie.

Toutefois, la CEDEAO est confrontée à trois principaux défis.

Le premier est son abandon par trois pays membres qui ont mis en place l'Alliance des États du Sahel (AES). Il s'agit du Mali, du Niger et du Burkina Faso.

Le deuxième défi est l'interprétation uniforme de l'article 45 de son Protocole sur la « démocratie et la bonne gouvernance ». L'article précité parle des cas de rupture de la démocratie. La rupture démocratique est différemment interprétée par la Conférence, selon qu'il s'agit de rupture provoquée par un régime civil ou par un régime militaire. On a en effet du mal à comprendre que la CEDEAO s'acharne contre la rupture démocratique émanant d'un régime militaire et s'en accommode lorsqu'elle émane d'un régime civil.

Enfin, le troisième défi est l'implication effective des peuples ouest-africains, à travers leurs représentants, dans le processus d'intégration prévu par le Traité de la CEDEAO et ses annexes[247]. On oppose très souvent la

---

[247] Depuis son lancement officiel en 2000, le Parlement a connu six législatures. Selon l'article 6 de l'Acte additionnel A/SA.1/12/16 relatif au renforcement des prérogatives du Parlement de la CEDEAO, *le parlement est composé de 115 sièges. Il est garanti à chaque État membre un minimum de cinq (5) sièges. Les quarante (40) sièges restants sont répartis au prorata de la population.* Compte tenu du nombre de sa population, le Nigeria dispose du nombre de sièges le plus

CEDEAO d'en haut, celle de la conférence des Chefs d'État et de gouvernement, de la CEDEAO d'en bas, celle des peuples destinataires pour le meilleur et le pire, des décisions prises par la CEDEAO d'en haut. La voix de ces peuples est quasiment inaudible dans le processus d'intégration de la CEDEAO. Ils ne sont presque pas au courant de ce qui se décide à Abuja, cette ville nigériane qui abrite le siège de l'organisation. En aval, l'impact des décisions de la CEDEAO sur les peuples de son aire géographique est trop important pour que ceux-ci, en amont, soient ignorés lors de leur adoption. Bref, la CEDEAO doit cesser d'être cette machine froide productive de normes sans mandat effectif des peuples. Si à l'origine, en 1975, ce sont les Chefs d'état et de gouvernement qui avaient pris l'initiative de fonder cette organisation pour réaliser l'intégration économique de l'Afrique de l'Ouest sans consulter au préalable leurs populations respectives, il convient d'admettre que près de cinquante ans après la création de cette organisation, il est tout à fait imprudent, au regard de l'évolution des mentalités en Afrique, d'approfondir cette intégration sans la participation effective des peuples à travers leurs représentants. La licence populaire, comme cela se voit par exemple dans le cadre de la construction de l'Union européenne[248], est un gage d'adhésion des populations à

---

important au sein du Parlement. Les députés du Parlement sont élus au suffrage universel direct par les citoyens de leurs pays respectifs. La durée de ce mandat est de 4 ans. Ils sont rééligibles. La fonction de député est incompatible avec les fonctions de membres de gouvernement, de cours et tribunaux des États, de l'administration publique et d'institutions créées en vertu du Traité de la Communauté. Le député doit défendre l'intérêt communautaire et non celui de l'État dont il a la nationalité.

[248] Créé sur la base des traités de l'Union européenne, le Parlement européen dispose de pouvoirs qui n'ont cessé de croitre au fil du temps. Sur le plan législatif, le Parlement participe, avec le Conseil de

toute politique d'intégration interétatique, surtout si cette politique implique des pertes de souveraineté dans certains domaines. Ainsi, la démocratisation de la CEDEAO suppose qu'elle se rapproche davantage des peuples de son aire géographique et qu'elle obtienne, à travers leurs représentants, une adhésion massive à ses différents projets.

Cette démocratisation passe nécessairement par le renforcement de l'indépendance du parlement de la CEDEAO et l'accroissement de son rôle dans l'adoption des actes normatifs de cette organisation. En effet, l'existence de ce parlement est prévue par l'article 6 du traité révisé de la CEDEAO[249]. Sans autres détails, l'article 13 du traité renvoie à un Protocole le soin de définir les attributions, la composition et le mode d'élection des députés du parlement. Ainsi, le 17 décembre 2016, lors de la 51e session ordinaire de la conférence des chefs d'État et de gouvernement de la CEDEAO, fut adopté l'Acte additionnel A/SA.1/12/16 relatif au renforcement des prérogatives du parlement de la CEDEAO. Parmi les

---

l'Europe, à la *procédure législative ordinaire, autrefois appelée la codécision. La procédure législative ordinaire consiste en l'adoption conjointe d'actes législatifs par le Parlement européen et le Conseil de l'Union européenne, en général sur une proposition de la Commission européenne.* En matière de contrôle de l'exécutif européen (la Commission), le Parlement dispose de certains pouvoirs importants : approbation préalable dans la désignation du président de la Commission, audition des membres de la Commission, pouvoir de démettre la Commission par le biais du vote (avec une majorité qualifiée) d'une motion de censure contre celle-ci, pouvoir de mettre en place une commission d'enquête pour examiner par exemple quelques allégations d'infraction, etc. En outre, les députés du Parlement européen sont élus pour un mandat de cinq ans au suffrage universel direct. Le statut de député européen est incompatible avec certaines fonctions exécutives et judiciaires. Depuis 2002, ce statut est aussi incompatible avec les fonctions de député d'un État membre de l'Union européenne. Source : EUR-Lex *Procédure législative ordinaire (codécision).*

[249] Texte du Traité de la CEDEAO (1993).

objectifs du parlement prévus à l'article 4 de l'Acte additionnel, on note la participation au processus d'adoption des actes communautaires, la contribution en vue de la mise en œuvre des politiques et objectifs de la communauté, l'implication des populations ouest-africaines au processus d'intégration de la région et la sensibilisation de ces populations aux enjeux de l'intégration. Le champ de compétences du parlement est défini par l'article 7 de l'Acte additionnel. Cet article déclare que le parlement est impliqué dans l'adoption du budget de la communauté et de tous les actes communautaires relatifs aux politiques d'intégration économiques et monétaires. Il est aussi investi d'une mission de contrôle des organes chargés de mettre en œuvre les programmes de la communauté. En réalité, le parlement n'a pas de pouvoir législatif propre même s'il « peut, en collaboration avec le Conseil et la Commission, proposer des lois types ou des lois uniformes à la communauté. ». Pour tout dire, le Parlement de la CEDEAO est cantonné dans un rôle consultatif. Cette consultation revêt trois formes :

La consultation facultative avec avis facultatif. Il s'agit du cas dans lequel la saisine du parlement par les organes exécutifs de la CEDEAO aux fins d'avis n'est pas obligatoire. Même si l'exécutif de la CEDEAO décide de consulter le parlement, il n'est nullement obligé de suivre l'avis donné. Les domaines concernés par la consultation facultative sont les suivants : accords internationaux affectant les institutions de la communauté, adhésion, suspension, sanction ou exclusion d'un État de Communauté ; politiques de défense, de sécurité et de paix de la Communauté et création d'institutions en lien avec les buts et objectifs de la Communauté[250].

---

[250] Article 10 de l'Acte additionnel.

La consultation obligatoire avec avis facultatif[251]. Dans ce cas de figure, la consultation du parlement pour avis est obligatoire. Mais le suivi de l'avis émis est quant à lui facultatif. Les domaines concernés par cette forme de consultation sont les suivants : budget de la Communauté, révision du traité et de ses annexes, rapport d'audit annuel des organes et institutions de la communauté et adoption ou révision de tous les actes communautaires relatifs aux politiques d'intégration économiques et monétaires.

La consultation obligatoire avec avis conforme. Dans ce dernier cas de figure, la demande d'avis est obligatoire, tout comme le suivi de l'avis formulé par le Parlement. Selon l'article 1.2 de l'Acte additionnel, ce type d'avis est « une résolution ayant force obligatoire ». Les questions concernées par l'avis conforme sont la révision du traité et de ses annexes, la protection des droits humains, l'adoption ou la révision de tous les actes communautaires relatifs aux politiques d'intégration économiques et monétaires[252].

L'examen de la procédure de consultation du Parlement fait appel aux constatations suivantes :

La première est le manque de prérogatives du parlement en matière budgétaire. Si la procédure exige sa consultation obligatoire en la matière, l'avis qu'il émet ne lie nullement l'organe exécutif de la Communauté qui dispose d'une entière liberté dans l'élaboration du budget. Amputer un organe législatif de compétences réelles en matière budgétaire n'est autre chose qu'un déni de démocratie empêchant les peuples ouest-africains, à travers leurs représentants, d'avoir leur mot à dire sur la bonne marche de la communauté.

[251] Article 9 de l'Acte additionnel.
[252] Article 12 de l'Acte additionnel.

La deuxième constatation est l'absence de toute influence décisive du parlement dans les questions clefs de l'intégration (révision du traité et de ses annexes et élaboration des actes normatifs de la Communauté pris dans les différents domaines d'intégration). En effet, l'Acte additionnel retire tout le pouvoir de codécision qu'il institue entre le Parlement et l'exécutif de la communauté dans ces questions. Il y parvient par l'instauration d'une totale confusion entre ses articles 9 et 12. Alors que l'article 12 exige une forme de codécision entre le Parlement et l'exécutif communautaire à travers la procédure de consultation obligatoire du Parlement avec avis conforme, l'article 9 quant à lui réduit en cendres cette exigence, en prévoyant une procédure obligatoire avec avis facultatif sur les mêmes questions. Finalement, dans ces questions clefs, on ne sait plus entre la procédure prévue à l'article 9 et celle prévue à l'article 12 de l'Acte additionnel, laquelle prend le dessus. Ainsi, au lieu de renforcer les prérogatives du parlement, le Protocole désarme le parlement face aux questions clefs de l'intégration.

Enfin, la troisième et dernière constatation est l'absence au sein du parlement d'une véritable culture démocratique. En plus de la grave confusion introduite sur les prérogatives du parlement par la contradiction entre les dispositions des articles 9 et 12 de l'Acte additionnel (une confusion qui n'aurait pas pu ou dû échapper à la vigilance de la conférence des Chefs d'État et de gouvernement lors de l'élaboration du Protocole additionnel), il existe un autre problème de gravité similaire qui touche cette fois, l'idée même que certains députés du parlement se font de leurs fonctions et responsabilités. En effet, contrairement aux dispositions de l'article 18.1 de l'Acte additionnel qui prévoit que les députés doivent être élus au suffrage universel dans les citoyens de leurs États respectifs, on constate que les députés du parlement sont en réalité les délégués de leurs parlements nationaux[253]. Ils ne sont donc pas élus comme des députés à part entière de la communauté, comme c'est le cas par exemple des eurodéputés. Les députés de la CEDEAO sont élus dans leurs parlements respectifs non sur la base de projets communautaires, mais sur la base de projets nationaux. La non-élection des députés du parlement de CEDEAO au suffrage universel direct par les citoyens de leurs États respectifs sur la base d'un projet communautaire, introduit inévitablement une grande confusion dans l'esprit de certains députés délégués de leurs assemblées nationales respectives au parlement de la CEDEAO quant à la portée de leurs missions et responsabilités[254]. Une telle confusion a pu être constatée au cours d'une vive altercation qui a éclaté entre un député sénégalais et une députée ivoirienne au cours d'un débat au sein du parlement de la CEDEAO.

---

[253] La Banque mondiale estime à plus de 220 millions la population au Nigeria en 2023. Il est de loin le pays le plus peuplé de la Communauté avec 35 sièges. Après viennent le Ghana avec plus de de 30 millions (8 sièges), la Côte d'Ivoire avec plus de 28 millions (7 sièges), le Niger avec plus de 27 millions (6 sièges), le Burkina Faso et le Mali avec plus de 23 millions chacun (6 sièges pour chaque État), le Sénégal avec plus de 17 millions (6 sièges), la Guinée avec plus de 14 millions (6 sièges), le Bénin avec plus de 13 millions (5 sièges), le Togo avec plus de 9 millions (5 sièges), la Sierra Leone avec plus de 8 millions (5 sièges), le Libéria avec plus de 5 millions (5 sièges), la Guinée-Bissau avec plus de 2 millions (5 sièges) et le Cap vert avec plus de 593 000 habitants (5 sièges).

[254] L'article 29 est pourtant clair sur le rôle des députés du Parlement de la CEDEAO. Avant d'être installé dans ses fonctions, un député prête serment en ces termes : *Je m'engage sur l'honneur à servir fidèlement les intérêts des populations de la Communauté et à ne céder à aucune pression directe ou indirecte d'un État membre ou d'un autre groupe.*

Critiquant un rapport du Programme des Nations unies pour le développement (PNUD) sur la pauvreté en Afrique de l'Ouest lors de la séance du Parlement de la CEDEAO, le 20 juillet 2024, le député sénégalais Guy Marius Sagna, sans contester les chiffres fournis par cette organisation onusienne, a vivement contesté l'idée selon laquelle l'Afrique est pauvre. Il explique que l'Afrique est plutôt appauvrie par ses dirigeants. Contestant vigoureusement le ton utilisé par le député Sagna, la députée ivoirienne, Adjaratou Traoré, déclare alors que ce n'est pas en ces termes qu'il convient de s'adresser aux chefs d'État africains. La tension était si vive entre les deux députés que la séance fut suspendue pour ramener le calme dans la salle. Guy Marius Sagna est un travailleur social et un infatigable militant du Front pour une révolution anti-impérialiste populaire et panafricaine « FRAPP » devenu député sous la bannière des Patriotes africains du Sénégal pour le travail l'éthique et la fraternité « PASTEF ». Il a été plusieurs fois jeté en prison sous le régime de Macky Sall pour ses positions antiFrançafrique. Vice-présidente du Parlement de la CEDEAO, Adjaratou Traoré est députée de la commune de Koumassi à Abidjan et membre du Rassemblement Houphouëtistes pour la démocratie et la paix « RHDP », un parti fondé sous l'impulsion du président de la Côte d'Ivoire, Alassane Ouattara. La joute verbale entre ces deux députés est intervenue dans le contexte d'une grave crise politique et sécuritaire que connaissait la CEDEAO avec le départ de trois de ses membres (Le Mali, Le Burkina Faso et le Niger) pour former l'Alliance des États du Sahel (AES). Selon Charly Hessoun « le clash entre Sagna et ses détracteurs au parlement de la CEDEAO illustre ainsi le fossé qui sépare deux visions antagonistes de l'intégration régionale en

Afrique de l'Ouest.[255] ». Il poursuit, en notant que « les tenants du statu quo, attachés à une diplomatie plus feutrée et soucieux de ménager les susceptibilités des chefs d'État, voient d'un mauvais œil ces appels à la refonte de l'organisation. ». Pour conclure, il indique qu'à « l'approche du 50e anniversaire de la CEDEAO, les interventions de Guy Marius Sagna agissent comme un électrochoc, forçant l'organisation à se confronter à ses échecs et à envisager une refonte en profondeur. Que l'on approuve ou non ses méthodes, force est de constater que le député sénégalais a réussi à mettre le doigt sur les maux qui rongent l'institution et à lancer un débat crucial sur son avenir. Reste à voir si ce coup de semonce sera suivi d'effets concrets ou si la CEDEAO continuera sur sa lancée, au risque de voir son influence et sa pertinence s'éroder davantage dans les années à venir. ».

In fine, pour renforcer les prérogatives du parlement, la conférence des chefs d'État et de gouvernement de la CEDEAO doit amender l'Acte additionnel A/SA.1/12/16 relatif au renforcement des prérogatives du Parlement de la CEDEAO. Il conviendrait à cet égard de mettre fin à la confusion qui existe entre les dispositions des articles 9 et 12 dudit acte. On y parvient par :

- le retrait des questions clefs d'intégration de la procédure de la consultation obligatoire prévue par l'article 9 pour les placer sous la procédure de la consultation obligatoire avec avis conforme, prévue par l'Article 12, et ;
- l'adoption du budget selon la procédure de consultation obligatoire avec avis conforme, prévue par l'Article 12.

---

[255] La Nouvelle Tribune, *CEDEAO : le coup de massue de Guy Marius Sagna,* le 21 juillet 2024.

La réforme sur ces deux points permettra aux pouvoirs exécutif et législatif de la communauté de se retrouver en situation de codécision sur les questions clefs d'intégration.

Un autre point de réforme est la mise en œuvre effective par les États membres de l'article 18.1 de l'Acte additionnel qui introduit l'obligation d'élire les députés du parlement de la communauté par les citoyens de chaque État, au suffrage universel direct. Ce mode d'élection permettra de mettre fin à la composition actuelle du parlement de la communauté. Le véritable enjeu derrière la mise en œuvre effective de l'article 18.1 de l'Acte additionnel est la création d'une culture démocratique au niveau de la communauté. À la vérité, l'Acte additionnel A/SA.1/12/16 relatif au renforcement des prérogatives du parlement de la CEDEAO ne pose aucun acte majeur allant dans le sens du renforcement des prérogatives de ce parlement. Sa réforme permettra de répondre à un appel pressant des populations ouest-africaines, à savoir la construction d'une véritable CEDEAO des peuples.

1.3.4. Bilan de l'intégration

Un outil permettant de mesurer le niveau d'intégration régionale en Afrique a été conjointement mis en place par la Commission de l'UA, la Commission des Nations Unies pour l'Afrique et la Banque africaine du développement. Il s'agit de l'Indice de l'intégration régionale en Afrique (IIRA). Cet indice comprend seize indicateurs, regroupés en cinq dimensions. À chaque dimension correspond un certain nombre de critères. Le tableau ci-dessous identifie les cinq dimensions retenues et les différents critères qui y sont associés.

N°	Dimensions	Critères associés
1	Intégration commerciale	Cinq critères : 1. Part des exportations intrarégionales en pourcentage du PIB ; 2. Part des importations intrarégionales en pourcentage du PIB ; 3. Part du commerce intrarégional ; Tarifs moyens des importations Intrarégionales ; 4. Ratification de l'Accord sur la création de la Zone de libre-échange continentale africaine (ZLECAF).
2	Intégration productive	Trois critères : 1. Part des exportations intrarégionales de produits intermédiaires ; 2. Part des importations intrarégionales de produits intermédiaires ; 3. Indice de complémentarité du commerce de marchandises.
3	Intégration macroéconomique	Trois critères : 1. Différentiel des taux d'inflation au niveau régional ; 2. Convertibilité régionale de la monnaie ; 3. Nombre d'accords bilatéraux d'investissement en vigueur.
4	Intégration des infrastructures	Deux critères : 1. Indice de développement des infrastructures de la BAD ; 2. Proportion des connexions aériennes intrarégionales.
5	Libre circulation des personnes	Trois critères : 1. Nombre de pays qui offrent les visas à l'arrivée ; 2. Nombre de pays qui exigent un visa ; 3. Ratification du Protocole de

		Kigali sur la libre circulation des personnes.

Source : tableau réalisé à partir des données de l'IIRA

La performance de chaque indicateur et dimension est notée sur une échelle de 0 à 1. Les scores proches de 0 traduisent une mauvaise performance (faible intégration du pays ou de la région), tandis que les scores proches de 1 indiquent une performance élevée (forte intégration du pays ou de la région). Les scores présentés par les différentes régions dans le rapport IIRA 2019 sont les suivants : SADC (0,337), CEDEAO (0,425)[256], CEEAC (0,442), IGAD (0,438), CAE (0,537), CEN-SAD (0,541), COMESA (0,367), UMA (0,488). Outre les scores par région, le rapport présente également les scores par pays. On se rend ainsi compte que, sur les cinq dimensions de l'intégration, l'Afrique du Sud est le pays le plus intégré du continent (0,625). Viennent ensuite le Kenya (0,444), le Rwanda (0,434), le Maroc (0,430), et Maurice (0,424). Par ailleurs, les pays qui présentent les scores les plus faibles en matière d'intégration dans le continent sont le Soudan du Sud (0,147) et l'Érythrée (0,161). Viennent ensuite, le Burundi, la Sierra Leone et le Soudan. Pour ce qui est enfin de la performance globale du continent en matière d'intégration, la conclusion du rapport est sans appel : « Le continent africain est globalement peu intégré, son score moyen étant de 0,327. ».

---

256 Au sein de la CEDEAO, les scores et le rang de la Guinée sur chacune des cinq dimensions sont les suivants : 1. Intégration commerciale (score 0,30394, rang 12e) ; 2. Intégration productive (score 0,06133, rang 12e) ; 3. Intégration macroéconomique (score 0,862, rang 1e) ; 4. Intégration des infrastructures (score 0,21432, rang 11e) ; 5. La libre circulation des personnes (score 0,66659, rang 4e). Source : Plateforme de l'Indice de l'intégration régionale : Guinée.

1.4. Zone de libre-échange continentale africaine

La mise en place de la Zlecaf répond aux objectifs du traité d'Abuja de 1991 et de l'Agenda 2063 de l'UA. Les étapes 4 et 5 du traité d'Abuja portent, entre autres, sur la mise en place d'une union douanière au niveau continental par l'adoption d'un tarif extérieur commun, la consécration de la libre circulation des personnes et l'application des droits de résidence et d'établissement. À certains égards, compte tenu du retard enregistré dans la concrétisation des objectifs du traité d'Abuja, la Zlecaf apparait comme un instrument permettant à l'UA d'accélérer le processus de mise en place du marché commun africain. Selon une étude de la Commission des Nations unies pour l'Afrique « le traité d'Abuja et la ZLECAf ont des objectifs similaires et, en fait, la ZLECAf est un outil important conçu pour réaliser la vision d'intégration énoncée dans le Traité d'Abuja. Le développement des CER et les accords bilatéraux ultérieurs ont tous été des étapes vers l'intégration de l'Afrique. La ZLECAf compte s'appuyer sur cette dynamique et aider l'Afrique à concrétiser la vision contenue dans le Traité d'Abuja.[257] ».

L'Agenda 2063 de l'UA est quant à lui la concrétisation d'une des recommandations phares de la « Déclaration solennelle sur le cinquantième anniversaire de l'OUA/UA », adoptée par la 21e session ordinaire de la Conférence des chefs d'État et de gouvernement de l'UA à Addis-Abeba (Éthiopie), le 26 mai 2013. Dans cette déclaration, la conférence s'engage à accélérer :

- « le processus de réalisation des objectifs de la Communauté économique africaine et à prendre des mesures pour bâtir une Afrique unie et intégrée », et ;

---

[257] ONU, Commission économique pour l'Afrique *La Zlecaf, tout ce que vous devez savoir.*

- « la mise en œuvre de la Zone de libre-échange continentale, assurer la libre circulation des biens, en mettant l'accent sur l'intégration des marchés locaux et régionaux, et faciliter la citoyenneté africaine en vue de la libre circulation des personnes par la suppression graduelle des obligations de visa. ».

Il convient par ailleurs de souligner que la célébration par l'UA en mai 2013 du jubilé d'or de l'organisation panafricaine a été l'occasion pour la conférence des chefs d'État et de gouvernement d'engager cette organisation à faire émerger une Afrique forte et pacifique dans les cinquante prochaines années. Selon la Commission de l'UA, « au cours des 50 dernières années (1963-2013), l'Afrique a axé son effort collectif sur la décolonisation, la lutte contre l'apartheid et la réalisation de l'indépendance politique du continent. À l'occasion du jubilé d'or (mai 2013) de l'OUA/UA qui a dirigé le processus de décolonisation, le continent décide de se consacrer une nouvelle fois à la réalisation de la vision d'une Afrique intégrée, prospère et pacifique, dirigée par ses propres citoyens et représentant une force dynamique dans l'arène internationale. ». Ainsi, le sommet du jubilé de l'UA chargera la Commission d'élaborer son Agenda 2063, en étroite collaboration avec le NEPAD, la BAD et la CEA. La Commission sera aussi chargée de l'élaboration des plans décennaux de mise en œuvre de cet Agenda.

Il s'agit plus largement, dans le cadre de cette reprise en main par l'Afrique de son destin, de se lancer dans l'édification d'une Afrique dont rêvait la Présidente de l'Union africaine, Mme Nkosazana Dlamini Zuma à Addis-Abeba[258]. Dans un célèbre discours, elle a rendu un vibrant

---

[258] *Message de la Présidente de l'Union africaine, S.E. Dr Nkosazana Dlamini Zuma, à l'occasion de la clôture d'une année de célébrations du Jubilé d'Or et du 51ᵉ anniversaire de l'OUA/l'UA »* sous le thème *« Panafricanisme et Renaissance africaine,* le 25 mai 2014.

hommage aux premiers panafricanistes, « ceux de notre continent-mère ainsi que ceux de la diaspora, qui se sont unis en un mouvement puissant et durable contre l'esclavage déshumanisant pour l'autodétermination, contre l'oppression raciale et le colonialisme, et ont jeté les bases de notre vision d'une Afrique unie ». Elle y a aussi vanté les acquis de l'OUA au cours des cinquante dernières années, reconnu la pénibilité du processus de construction de nations et d'États indépendants et admis la nécessité aujourd'hui de définir la place de l'Afrique dans le monde et le chemin qui doit mener vers l'intégration africaine. Pour parvenir à l'« Afrique que nous voulons », elle déclare que « l'Afrique est devenue plus consciente d'elle-même, de son passé et de son présent, des défis et des possibilités auxquels elle est confrontée ». Pour Dlamini Zuma, l'Agenda 2063 est une vision et une feuille de route à long terme pour transformer l'Afrique en un continent intégré, pacifique et prospère.

La mise en place de la Zlecaf est considérée par l'UA comme la concrétisation de l'un des projets phares de son Agenda 2063. Ainsi, la conférence de l'UA dans sa dixième session extraordinaire tenue le 21 mars 2018 à Kigali (Rwanda) a adopté et lancé, par décision, « l'accord portant création de la Zone de libre-échange continentale africaine (Zlecaf), le Protocole sur le commerce des marchandises, le Protocole sur le commerce des services et le Protocole sur les règles et procédures relatif au règlement des différends avec des amendements à l'article 13 de l'Accord relatif au Secrétariat ». Au cours de cette conférence, sur les 55 membres de l'UA, 44 ont signé l'accord, qui est entré en vigueur le 29 avril 2019 après le dépôt du 22e instrument de ratification.

1.4.1. Objectifs et cadre institutionnel

Dans ses objectifs généraux (article 3 de l'Accord), la Zlecaf vise notamment à créer un marché unique pour les marchandises et services conformément à la vision d'une « Afrique intégrée, prospère et pacifique », à contribuer à la circulation des capitaux et des personnes, à jeter les bases d'une union douanière continentale et à renforcer la compétitivité des économies des États parties aux niveaux continental et mondial.

Le champ d'application de l'Accord sur la Zlecaf (article 6) s'étend sur les domaines suivants : le commerce des marchandises, le commerce des services, les investissements, les droits de propriété intellectuelle et la politique de concurrence. Chaque domaine fait l'objet d'un Protocole spécifique.

Ainsi, les Protocoles relatifs au commerce des marchandises et des services ont été adoptés en même temps que l'accord sur la Zlecaf dans la phase I des négociations. En ce qui concerne la phase II des négociations, la conférence des chefs d'État et de gouvernement lors de sa 36e session ordinaire tenue du 18 au 19 février 2023 à Addis Abeba (Éthiopie) a adopté différents projets parmi lesquels figurent :

- le projet de protocole à l'Accord instituant la Zone de libre-échange continentale africaine (ZLECAf), relatif à la politique de la concurrence ;
- le projet de protocole à l'Accord instituant la Zone de libre-échange continentale africaine (ZLECAf), relatif à l'investissement, et ;
- le projet de protocole à l'Accord instituant la Zone de libre-échange continentale africaine (ZLECAf), relatif aux droits de propriété intellectuelle (DPI).

La phase III des négociations, quant à elle, portera sur l'adoption des Protocoles sur le commerce numérique et les jeunes et les femmes dans le commerce.

En ce qui concerne le cadre institutionnel de la Zlecaf, il est fixé par l'article 9 de l'Accord. Ce cadre prévoit les organes suivants :

- la conférence (organe suprême de prise de décision de l'UA) ;
- le conseil des ministres (placé sous l'autorité de la conférence, le conseil, composé des ministres africains en charge du commerce, veille sur la mise en œuvre effective de l'Accord, approuve les programmes de travail de la ZLECAf et de ses organes, et examine les rapports et activités du secrétariat et prend les mesures appropriées) ;
- le comité des hauts fonctionnaires du commerce (composé de secrétaires généraux ou de directeurs généraux, ou de tout autre fonctionnaire désigné par chaque État partie, le Comité est en particulier chargé de mettre en œuvre les décisions du Conseil des ministres et du développement des programmes et plans d'action pour la mise en œuvre de l'Accord) ; et,
- le secrétariat (basé à Accra au Ghana, il dispose d'une autonomie fonctionnelle et est doté d'une personnalité juridique).

Un mécanisme de règlement des différends entre les États parties est prévu par l'article 20 de l'Accord. Les différends entre États parties sont réglés conformément au Protocole sur les règles et procédures relatives au règlement des différends. Dans son article 2, ce protocole vise « à assurer que le processus de règlement des différends soit transparent, juste, équitable, prévisible et conforme aux dispositions de l'Accord. ». La mise en œuvre des dispositions du Protocole relève de l'Organe de règlement des différends (ORD) prévu à l'article 5 du Protocole. Conformément à l'article 3 (alinéa 4) du Protocole, « Un

État partie qui invoque les règles de procédures de ce Protocole en relation avec une question spécifique ne doit pas recourir à un autre forum de règlement des différends sur la même affaire ». Autrement dit, la compétence de l'ORD est exclusive lorsqu'elle est la première à être saisie par une partie.

Composé des représentants des États parties, l'ORD a notamment le pouvoir de créer des groupes spéciaux de règlement des différends et un organe d'appel. La procédure à suivre dans le cadre du règlement des différends est la procédure de consultations en vue de trouver une solution à l'amiable. Lorsque cette voie échoue, une partie au différend a le droit de saisir le président de l'ORD et de demander la mise en place d'un « Groupe spécial » chargé de régler le différend. Ce Groupe se charge d'instruire l'affaire et reçoit en toute impartialité les conclusions, les arguments et les objections des parties en conflit. En vertu de l'article 11 du Protocole, le mandat du Groupe spécial consiste à :

- examiner, à la lumière des dispositions pertinentes de l'Accord visé par les parties au différend, l'affaire dont l'ORD est saisi par la partie plaignante ; et
- faire des constatations propres à aider l'ORD à formuler des recommandations ou à statuer sur la question.

En vertu de l'article 22 (alinéa 7) du Protocole, l'organe d'appel peut retenir, modifier ou infirmer les constatations et les conclusions du groupe spécial.

1.4.2. Relations avec les Communautés économiques régionales

La Zlecaf entretient deux types de relations avec les CER. En premier lieu, tout comme la CEA, la Zlecaf considère les CER comme les piliers sur lesquels elle doit s'appuyer pour atteindre ses objectifs. Selon l'article 5 de l'Accord sur la Zlecaf, « les Zones de libre-échange (ZLE) des CER sont les piliers de la ZLECAf ». Ensuite, la Zlecaf se place au-dessus des CER. L'article 9 de son accord prévoit qu' « en cas de conflit et d'incompatibilité entre le présent Accord et tout autre accord régional, le présent Accord prévaut dans la mesure de l'incompatibilité spécifique, sauf dispositions contraires du présent article ». Ainsi, tout en s'appuyant sur les CER pour se développer, la Zlecaf entend aussi avoir le leadership dans la mise en place du marché commun africain.

Avantages pour l'Afrique

Les études, rapports et projections sur les avantages et autres bienfaits de la mise en place effective de la Zlecaf ne manquent pas. La Banque mondiale estime dans un de ses rapports de 2020[259] que la mise en œuvre de la Zlecaf permettrait :

- de sortir 30 millions d'Africains de l'extrême pauvreté et d'augmenter les revenus de près de 68 millions d'autres personnes qui vivent avec moins de 5,50 dollars par jour ;
- d'augmenter les revenus de l'Afrique de 450 milliards de dollars d'ici à 2035 (soit une progression de 7 %) tout en ajoutant 76 milliards de dollars aux revenus du reste du monde ;
- d'accroitre de 560 milliards de dollars les exportations africaines, essentiellement dans le secteur manufacturier ;
- de favoriser une progression salariale plus importante pour les femmes (+10,5 %) que pour les hommes (+9,9 %), et ;
- d'augmenter de 10,3 % le salaire des travailleurs non qualifiés et de 9,8 % celui des travailleurs qualifiés.

Pour sa part, la Commission des Nations unies pour l'Afrique estime que la Zlecaf serait utile à l'Afrique à

---

[259] Banque Mondiale : *Zone de libre-échange continentale africaine : effets économiques et redistributifs,* le 27 juillet 2020.

plusieurs titres. Elle permet, explique-t-elle, « de remplacer plus de 50 petits marchés fragmentés en Afrique par un marché continental unique de plus de 1,4 milliard de personnes représentant environ un sixième de la population mondiale. (…). En termes quantitatifs, en 2021, 17 pays africains avaient un PIB moyen inférieur à 10 milliards USD. (…). La ZLECAf a donc le pouvoir d'intégrer et de consolider l'Afrique en un seul marché de 2.400 milliards de dollars américains et à éliminer ainsi bon nombre des entraves au commerce sur le continent.[260] ».

1.4.3. DÉFIS

Toutefois, d'importants défis restent à relever pour que les Africains puissent pleinement bénéficier des avantages de la Zlecaf. Quatre défis peuvent être cités à cet égard.

Le premier défi porte sur la mise en œuvre effective au plan national des engagements souscrits par les États dans le cadre de la Zlecaf. Cette action suppose, d'une part, la sensibilisation et l'appropriation de la Zlecaf par tous les acteurs nationaux (agents économiques, société civile, populations, parlementaires) impliqués dans la mise en place du marché continental, et d'autre part, l'adaptation ou la mise en place de nouvelles structures et procédures appropriées. La Commission économique des Nations unies pour l'Afrique estime que « sur le plan individuel, une fois qu'ils l'ont ratifié, les États parties doivent traduire les règles et obligations spécifiées par l'Accord dans les lois, réglementations, institutions et pratiques administratives nationales. Ces mesures sont essentielles pour garantir que la législation nationale ne va pas à l'encontre des engagements contenus dans l'Accord sur la ZLECAf. Il

---

[260]ONU, Commission économique pour l'Afrique : *La Zlecaf, tout ce que vous devez savoir.*

s'agit d'une tâche complexe qui demande du temps, des ressources et de la persévérance. Dans de nombreux cas, il faudra créer de nouvelles institutions, introduire de nouvelles pratiques, intégrer de nouvelles capacités, adopter de nouvelles approches et, dans certains cas, surmonter une certaine résistance politique. ».

Le deuxième défi à relever porte sur l'amélioration significative des capacités de production au sein de chaque État membre. C'est de cette capacité que résultera la possibilité pour un État membre, dans le cadre du commerce intra-africain, d'offrir des biens et services de qualité à un prix compétitif. La Commission économique des Nations unies pour l'Afrique estime qu'avant de parler de commerce, « l'Afrique doit avoir les produits et services à commercialiser. Cela signifie la capacité de production. Cela signifie en outre la capacité de produire des produits agricoles et industriels de la bonne qualité et quantité à des prix compétitifs. Cela signifie également avoir la capacité de produire et de fournir la gamme et la qualité des services dont les consommateurs ont besoin à des prix compétitifs. ».

Le troisième défi à relever concerne la mise en place ou la modernisation des infrastructures matérielles facilitant le commerce des biens et des services entre États membres de la Zlecaf. Le développement économique, indique la Commission économique des Nations unies pour l'Afrique, « est une activité à forte intensité d'infrastructures. Sans routes et sans camions, sans voies ferrées et sans matériel roulant, sans ports maritimes et sans navires, sans aéroports et sans avions, aucun produit ne peut circuler d'un pays à l'autre en quantités significatives. De même, sans réseaux de connectivité numérique en place, aucune des énormes promesses du commerce numérique ne peut être réalisée. ».

Enfin, le quatrième défi que la Zlecaf doit relever concerne la recherche constante de compatibilité entre ses objectifs et les accords économiques et commerciaux conclus entre ses États parties et les entités tierces (communautés économiques étrangères et États non africains). Plus exactement, il s'agit, en premier lieu, de s'interroger sur la compatibilité de ces accords avec le droit de la Zlecaf, et, en second lieu, de se demander, même en cas de compatibilité, si ces accords, par leur portée respective, constituent une opportunité ou un obstacle pour l'intégration des économies africaines.

La question de compatibilité entre les objectifs de la Zlecaf et les accords commerciaux conclus entre ses États parties et les entités tierces est bien abordée dans l'Accord qui met en place la Zlecaf. Si le droit de la Zlecaf s'accommode bien des accords économiques et commerciaux conclus entre États africains, il en est différemment des accords de cette même nature conclus avec les entités tierces.

Dans le premier cas, l'article 19, alinéa 2 de l'Accord sur la Zlecaf, indique que « les États parties qui sont membres d'autres communautés économiques régionales, d'autres accords commerciaux régionaux et d'autres unions douanières, et qui ont atteint entre eux des niveaux d'intégration régionale plus élevés que ceux prévus par le présent Accord, maintiennent ces niveaux entre eux. ». On pense ici, en particulier, aux accords économiques, commerciaux et douaniers conclus entre les États des différentes CER que compte l'Afrique.

Dans le second cas, il s'agit d'accords économiques et commerciaux conclus entre les États africains et les entités tierces. Ces accords sont régis par l'article 18, alinéa 3 de l'Accord Zlecaf. L'article précité indique que : « Le présent Accord n'annule, ne modifie ni n'abroge les droits et obligations découlant d'accords commerciaux préexistants que les États parties ont conclus avec de tierces parties. ». Cela veut dire que tous les accords économiques et commerciaux conclus entre les États parties de la Zlecaf et les entités tierces (non africaines) avant la mise en place de la Zlecaf restent valides. On pense ici en particulier aux accords conclus entre la Communauté économique européenne (CEE) et les États d'Afrique, des Caraïbes et du Pacifique (ACP). Toutefois, au sein de la Zlecaf, les parties doivent s'assurer, conformément à l'article 18, alinéa 1 de l'Accord qui met en place la Zlecaf, que, sur la base de la réciprocité, ils s'accordent des préférences « qui ne sont pas moins favorables que celles accordées aux tierces parties dans le cadre de la mise en œuvre du présent Accord. ».

Enfin, même si une incompatibilité est relevée entre l'accord sur la Zlecaf et les accords conclus par ses États parties avec des entités tierces, le droit de la Zlecaf ne conclut pas à l'invalidité de ces accords. Ils restent valides dans leur ensemble, sauf sur les dispositions concernées par l'incompatibilité. L'article 19, alinéa 1 de l'Accord portant sur la Zlecaf, tranche à cet égard en déclarant qu' « en cas de conflit et d'incompatibilité entre le présent Accord et tout autre accord régional, le présent Accord prévaut dans la mesure de l'incompatibilité spécifique, sauf dispositions contraires du présent article. ».

À partir du moment où l'accord sur la Zlecaf prévoit un cadre de coopération entre ses États parties et les parties tierces, en particulier dans le domaine économique et commercial, il convient de se demander, si, dans la pratique, les accords économiques et commerciaux existants entre l'UE et l'Afrique renforcent ou contrarient l'objectif principal de la Zlecaf qui consiste à créer en Afrique un marché unique, notamment pour le commerce des biens et services marchandises, conformément à la vision d'une « Afrique intégrée, prospère et pacifique » telle qu'elle ressort de l'Agenda 2063 de l'UA ? Il convient à cet égard de porter l'analyse sur deux principaux instruments juridiques qui lient l'Afrique à l'UE sur le plan économique et commercial. Il s'agit de l'accord de Samoa et des accords de partenariat économique (APE).

Accord de Samoa

Le cadre général de la coopération économique entre l'Europe et l'Afrique est aujourd'hui fixé par l'accord entre l'Union européenne et ses États membres, d'une part, et les membres de l'Organisation des États d'Afrique, des Caraïbes et du Pacifique (OEACP), d'autre part, signé 15 novembre 2023 à Samoa dans le Pacifique. Conclu pour une période initiale de vingt ans, ce nouvel accord, signé aussi par la République de Guinée, remplace l'accord de Cotonou. Avant son entrée en vigueur[261], il est prévu que l'accord de Samoa puisse s'appliquer provisoirement entre les États parties qui le décident à partir du 1er janvier 2024[262]. Les principaux objectifs de cet accord sont déclinés dans son article 1, alinéa 3. Ils visent à :

---

[261] Selon l'article 98, alinéa 2 de l'accord de Samoa, *Le présent accord entre en vigueur le premier jour du deuxième mois suivant la date à laquelle l'Union européenne et ses États membres et au moins deux tiers des membres de l'OEACP ont achevé leurs procédures internes respectives à cet effet et déposé leurs instruments exprimant leur consentement à être liés auprès du Secrétariat général du Conseil de l'Union européenne (ci-après dénommé "dépositaire"), qui en transmet une copie certifiée conforme au secrétariat de l'OEACP.*

[262] Conformément à l'article 98, alinéa 4, *(...) l'Union européenne et les membres de l'OEACP peuvent appliquer le présent accord à titre provisoire, en tout ou en partie, dans l'attente de son entrée en vigueur et conformément à leurs procédures internes respectives. L'application provisoire débute le premier jour du deuxième mois suivant la date de signature du présent accord. Avant que débute l'application provisoire, l'Union européenne notifie aux membres de l'OEACP au dépositaire les parties du présent accord qui sont appliquées à titre provisoire.*

- promouvoir, protéger et garantir les droits de l'homme, les principes démocratiques, l'État de droit et la bonne gouvernance, en accordant une attention particulière à l'égalité de genre;
- bâtir des États et des sociétés pacifiques et résilients, en faisant face aux menaces actuelles et émergentes pour la paix et la sécurité;
- favoriser le développement humain et social, et notamment éradiquer la pauvreté et combattre les inégalités, en veillant à ce que chacun vive dignement et à ce que personne ne soit laissé de côté, en accordant une attention particulière aux femmes et aux filles;
- mobiliser l'investissement, soutenir les échanges commerciaux et encourager le développement du secteur privé afin de parvenir à une croissance durable et inclusive et de créer des emplois décents pour tous;
- lutter contre le changement climatique, protéger l'environnement et garantir une gestion durable des ressources naturelles, et ;
- mettre en œuvre une approche globale et équilibrée de la migration, de manière à tirer parti des avantages découlant d'une mobilité et de migrations sûres, ordonnées et régulières et à endiguer la migration irrégulière en s'attaquant à ses causes profondes, dans le respect total du droit international et compte tenu des compétences respectives des parties.

La compatibilité entre l'accord de Samoa et la Zlecaf est directement réglée par l'article 3, alinéa 3 du « Protocole régional pour l'Afrique » de l'accord de Samoa. L'article précité, dispose que, « Les parties soutiennent l'intégration économique régionale en Afrique grâce, entre autres, à la création de marchés plus étendus, au renforcement de la connectivité et à la libre circulation des personnes, des marchandises, des services, des capitaux, des travailleurs et des technologies dans le cadre de la mise en œuvre du traité instituant la Communauté économique africaine, fait à Abuja le 3 juin 1991, et de l'accord instituant la zone de libre-échange continentale africaine, fait à Kigali le 21 mars 2018.». À travers ses objectifs, on se rend compte que l'accord de Samoa est plus qu'un accord économique. Il touche divers aspects : politiques (démocratie et droits de l'homme), migratoires, sociaux, climatiques, sécuritaires et de gouvernance. Ces aspects sont directement ou indirectement un impact sur la mise en place d'un marché commun en Afrique.

En effet, l'accord de Samoa est, à date, le dernier développement d'une série d'accords économiques et commerciaux conclus au début des années 1960 entre l'Afrique et l'Europe. La première Convention d'association entre les six États de la CEE[263] et les dix-huit États africains et malgaches associés (EAMA) a été signée le 20 juillet 1963 à Yaoundé (Convention de Yaoundé I[264]). Cette Convention, pour l'avènement de laquelle la France a joué un rôle déterminant[265], portait, entre autres, sur les échanges commerciaux et la coopération financière et technique. L'économie générale de la Convention, en vertu

---

[263] C'est à travers le Traité de Maastricht du 1er novembre 1993 que la CEE deviendra Union européenne (UE).

[264]UE: Historical archives of the european union. *Conventions ACP-UE.*

[265] Selon Guia Migani, *Lors des négociations pour les traités de Rome, la France fait de l'association de ses colonies africaines une* condition *sine qua non de son adhésion à la Communauté économique européenne (CEE). Le régime d'association, une des dernières questions à être réglées par les six, consiste dans l'abolition des barrières tarifaires et douanières entre la CEE et les pays associés et dans la création d'un Fonds européen de développement (FED).* Source : Encyclopédie d'histoire numérique de l'Europe (EHNE), *La CEE/UE et l'aide au développement de Lomé à Cotonou.*

de ses articles 2 et 3, reposait sur deux grands postulats[266] : le premier est la suppression progressive à l'importation dans les six États de la CEE des droits de douane et taxes d'effet équivalant à de tels droits sur les produits originaires des dix-huit EAMA. Le second postulat est l'octroi par les dix-huit EAMA du même traitement tarifaire aux produits originaires des six États de la CEE.

La deuxième Convention d'association qualifiée de Yaoundé II est signée le 29 juillet 1969 et est entrée en vigueur le 1er janvier 1971. Conclue pour une période de cinq ans (31 janvier 1975 étant sa date d'expiration), elle porte sur les mêmes matières que la Convention de Yaoundé I. Yaoundé II connait cependant quelques évolutions : en 1973, le Royaume-Uni, l'Irlande et le Danemark rejoignirent la CEE. L'île Maurice, de son côté, viendra compléter à dix-neuf le nombre des EAMA au travers d'un Accord d'association signé le 12 mai 1972.

Après la période régie par les Conventions de Yaoundé s'est ouverte une autre période régie cette fois-ci par les Conventions de Lomé. La première Convention de Lomé (Lomé I) est signée le 28 février 1975 entre quarante-six États d'Afrique, y compris la République de Guinée[267], des Caraïbes et du Pacifique (ACP)[268] et neuf États membres de la CEE. Elle entre en vigueur le 1er avril 1976. Dans le domaine de la coopération commerciale, l'objectif de la convention, conformément à son article 1er « est de promouvoir les échanges entre les parties contractantes, en

---

[266]Luxembourg centre for contemporary and digital history. Texte de la Convention de Yaoundé, le 20 juillet 1963.

[267] C'est aussi à cette date que l'Union européenne a ouvert sa délégation en Guinée.

[268] Certains pays de la Caraïbe et du Pacifique se sont alors joints aux États africains et malgaches.

tenant compte de leurs niveaux de développement respectifs et, en particulier, de la nécessité d'assurer des avantages supplémentaires aux échanges commerciaux des États ACP, en vue d'accélérer le rythme de croissance de leur commerce et d'améliorer les conditions d'accès de leurs produits au marché de la Communauté économique européenne. ». Ainsi, l'article 2 de la Convention stipule « que les produits originaires des États ACP sont admis à l'importation dans la Communauté en exemption de droits de douane et de taxes d'effet équivalent, sans que le traitement réservé à ces produits puisse être plus favorable que celui que les États membres s'accordent entre eux. ». La stabilisation des recettes d'exportation des États ACP dans le cadre du STABEX (Fonds de stabilisation des recettes d'exportation sur les produits agricoles) et le SYSMIN (Système de Développement du potentiel minier) font également partie des dispositifs de cette Convention.

Il y aura ensuite les Conventions de Lomé II (signée le 31 octobre 1979 et entrée en vigueur le 1er mars 1980), de Lomé III (signée le 8 décembre 1984 et entrée en vigueur le 1er mai 1986), et de Lomé IV (signée le 15 décembre 1989 et entrée en vigueur le 1er mars 1990). Dans l'ensemble, les Conventions de Lomé avaient instauré un régime commercial très favorable en faveur des pays ACP. Les produits exportés des pays ACP vers l'UE « étaient exemptés de droits de douane et n'étaient pas soumis aux restrictions quantitatives sur les importations, à l'exception notable des produits agricoles soumis à une organisation commune de marché (OCM) ou à une réglementation européenne.[269] ».

---

[269] France, Vie publique *Quel partenariat entre l'UE et les États ACP (Afrique, Caraïbes, Pacifique) ?*

En 2000, les Conventions de Lomé cèderont la place à la Convention de Cotonou pour une période de vingt ans (2020). Cette dernière Convention sera plusieurs fois prorogée jusqu'à l'adoption d'un nouvel accord en 2023. L'un des principaux objectifs du partenariat ACP/UE dans la Convention de Cotonou était « centré sur l'objectif de réduction et, à terme, d'éradication de la pauvreté, en cohérence avec les objectifs du développement durable et d'une intégration progressive des pays ACP dans l'économie mondiale. ». Si la Convention permet aux États ACP de déterminer, en toute souveraineté, leurs principes et stratégies de développement, elle ouvre une fenêtre permettant également, dans une approche de complémentarité, aux acteurs non étatiques de participer à la mise en œuvre des stratégies de développement arrêtées par ces États. Une des particularités de la Convention de Cotonou est la place qu'elle accorde à certaines thématiques émergentes dans les États ACP : dialogue politique, démocratie, droits fondamentaux de l'homme et développement durable.

Concernant le volet de la coopération économique et commerciale, la Convention de Cotonou visait à promouvoir l'intégration progressive et harmonieuse des États ACP dans l'économie mondiale en parfaite conformité avec les dispositions de l'accord instituant l'Organisation mondiale du commerce (OMC)[270]. En vertu de son article

[270] Cette mise en conformité résulte des exigences de l'OMC. En effet, *avec la signature des accords de l'Organisation mondiale du Commerce (OMC), entrés en vigueur le 1er janvier 1995, on a introduit le principe de l'égalité de traitement (la réciprocité) selon lequel les mêmes règles doivent s'appliquer à tous les pays signataires, quel que soit leur niveau de développement. De ce fait, les règles de l'OMC ont donc mis fin au régime des préférences commerciales non réciproques offertes par l'UE aux pays ACP avec lequel la Communauté européenne avait offert des préférences commerciales non réciproques*

36, alinéa 1, cette mise en conformité supposait la conclusion de « nouveaux accords commerciaux compatibles avec les règles de l'OMC, en supprimant progressivement les entraves aux échanges entre elles et en renforçant la coopération dans tous les domaines en rapport avec le commerce. ». La Convention dégageait une période préparatoire qui devait se terminer, le 31 décembre 2007 au plus tard, pour faciliter la transition vers de nouveaux accords commerciaux conformes aux règles de l'OMC. Au cours de cette période, la Convention prévoyait, d'une part, le maintien du régime des préférences commerciales non réciproques prévu par la IV Convention ACP/CE de Lomé, et d'autre part, la négociation de nouveaux accords de partenariat économique. Conformément à l'article 37 de la Convention, « les négociations formelles des nouveaux accords commerciaux commenceront en septembre 2002 et ces nouveaux accords entreront en vigueur le 1er janvier 2008. ».

APE

Si pour la Commission européenne, ces nouveaux accords, connus sous le nom d'accords de partenariat économique « APE » constituent une opportunité pour l'Afrique, pour nombre d'ONG en revanche, ils représentent de sérieuses menaces à l'intégration des économies africaines. Cette intégration est pourtant l'un des objectifs phares des CER et de la Zlecaf. Selon la

---

(aide tarifaire ou commerciale liée) aux pays et territoires d'outre-mer (colonies) devenus progressivement avec les indépendances, les Pays d'Afrique, de la Caraïbe et du Pacifique (ACP). Source : Friedrich Ebert Stiftung (une fondation politique allemande), *Le Cameroun face à l'Accord de partenariat économique (APE) avec l'Union européenne : menace ou opportunité ?* novembre 2015.

Commission européenne[271], les APE comportent de nombreux avantages pour ses signataires :

- Ils ouvrent de nouveaux débouchés commerciaux, notamment aux entreprises des pays ACP qui pourront exporter librement vers l'UE sans droits de douane ni contingents ;
- Aident les pays à attirer davantage d'investissements dans un cadre stable et prévisible ;
- Créent des emplois plus nombreux et de meilleure qualité en permettant notamment aux pays ACP de faire face à la concurrence (ce qui les aide à développer leur économie) ;
- Réduisent les coûts d'exportations et d'importations, en permettant par exemple à l'UE de fournir une aide au commerce aux ACP et réduisant les formalités administratives ;
- Protègent les producteurs locaux des pays ACP, qui autrement éprouveraient du mal à rivaliser avec les importations provenant de l'UE. Les pays ACP maintiendront des tarifs sur les biens sensibles, comme les produits alimentaires. Et si les importations de certaines marchandises connaissent une hausse sensible, les pays ACP auront la possibilité d'appliquer des mesures de sauvegarde ;
- Favorisent l'industrialisation des pays ACP en les conduisant à produire les biens transformés à plus forte valeur ajoutée ;
- Favorisent les agriculteurs des pays ACP en les conduisant à produire selon les normes fixées par l'UE. Ils interdisent également les subventions européennes à l'exportation de produits agricoles vers les pays ACP ;

---

[271] UE : Commission européenne, Direction générale du commerce : *Politique de l'UE en matière de commerce et de développement : les 10 avantages des accords de partenariat économique,* 2016.

- Favorisent les relations plus étroites entre pays voisins en encourageant, par exemple, les chaines de valeurs régionales, et ;
- Favorisent le partage de valeurs (normes sociales, durabilité, respect des droits de l'homme et de la bonne gouvernance).

De nombreuses autres études contredisent les principales conclusions de la Commission européenne sur le bénéficie des APE pour les ACP en général et l'Afrique en particulier. Loin d'être exhaustif sur ce sujet, on peut néanmoins citer les constats et études des organisations suivantes : GRET, Acte International, Commission économique des Nations unies pour l'Afrique, Centre africain pour le commerce, l'intégration et le développement (CACID) et Coordination SUD.

Le GRET[272]. L'étude réalisée par le GRET sur financement du ministère français de l'Agriculture et de l'Alimentation[273] estime que, si la libération progressive des marchés de l'Afrique de l'Ouest au profit des importations européennes dans le cadre des APE présente quelques opportunités entre les deux parties, elle se fera cependant au détriment des filières agroalimentaires de cette région d'Afrique. Pour le GRET, l'APE peut exposer l'Afrique de l'Ouest à différents types de risques :

---

[272] Crée en 1976 par deux agronomes français, le GRET est une ONG française de solidarité internationale. Son objectif consiste à *améliorer les conditions de vie des populations les plus vulnérables et promouvoir la justice sociale tout en préservant notre planète.*

[273] Le but du ministère dans le cadre de cette étude consistait à *identifier les risques d'incohérences entre la croissance attendue des exportations françaises, du fait de l'APE, et le développement de l'agriculture et des filières agroalimentaires ouest-africaines, et plus généralement de sa sécurité alimentaire.*

- une substitution de produits importés aux produits nationaux ou régionaux, de la part des consommateurs comme des industriels;
- un accroissement de la dépendance alimentaire de la région vis-à-vis des marchés mondiaux ;
- une détérioration de sa sécurité alimentaire, résultant du point précédent et de la baisse des revenus ruraux;
- une perte d'autonomie politique des États pour mettre en œuvre à l'avenir des politiques de soutien à l'agriculture et aux filières agroalimentaires régionales. De plus, les importations peuvent tirer les prix des produits agricoles et agroalimentaires à la baisse, ce qui serait bénéfique pour le consommateur, mais se répercuterait sur les produits régionaux et, in fine, sur les revenus des agriculteurs. Cette baisse de prix fragiliserait les filières locales et limiterait leur développement.

Acte International[274] est une entreprise française fondée en 1995 et spécialisée dans l'organisation du transport mondial de marchandises et la réalisation des missions d'audit et d'expertise sur des thématiques de commerce international. Se prononçant sur les raisons du retard des États africains à signer les APE, Acte International estime que la « réticence de ces États à signer l'APE régional peut s'expliquer au regard des inconvénients qu'induisent l'équilibre de ce nouvel échange commercial : La perte de recettes fiscales due à la suppression des droits de douane et qui constitue une part très importante des budgets des pays africains dont les systèmes fiscaux sont peu

[274] Les échos, *Acte International, le partenaire mondial des exportateurs*, le 25 juin 2020.

développés, et la nécessité de protéger des secteurs économiques fragiles.[275] ».

La Commission économique des Nations unies pour l'Afrique. S'inquiétant des coûts des APE pour l'Afrique, elle déclare que « Les accords régissant les relations commerciales entre les différents pays africains et/ou sous-régions et des partenaires commerciaux non africains - tels que les accords de partenariat économique (APE) avec l'Union européenne (UE) - ont le potentiel pour rendre la mise en œuvre de la ZLECAf indûment politique et coûteuse.[276] ».

Le CACID par la voie de Dr. Cheikh Tidiane Dieye, son directeur exécutif, met en évidence le caractère néfaste des APE sur l'intégration régionale africaine en écrivant ceci : « (…) plutôt que de renforcer l'intégration régionale, ce qui était l'un de ses objectifs, les APE ont eu plutôt un effet désintégrateur dans la plupart des régions africaines. Beaucoup d'États non PMA, qui avaient démarré les négociations dans le cadre de leur bloc d'intégration régionale, ont été obligés de signer seuls des APE (Accords de partenariat économique) intérimaires pour ne pas perdre le bénéfice de l'accès au marché de l'UE. Ces APE intérimaires sont en train d'être mis en œuvre dans plusieurs pays, avec des effets négatifs sur l'intégration régionale.[277] ».

---

[275] Acte International : *Libre-échange UE/Afrique : l'APE intérimaire UE/Côte d'Ivoire ouvre la voie,* octobre 2016.
[276] Nations unies, Commission économique pour l'Afrique : *La Zlecaf, tout ce que vous devez savoir.*
[277] CACID, *Que sont devenus les Accords de partenariat économique (APE) en Afrique ?*

La Coordination SUD[278] enfin attire l'attention du public eurafricain et des gouvernements africains, sur le profond déséquilibre qui existe entre les parties dans les négociations sur les APE. Elle estime que « les négociations sur les APE se déroulent entre des partenaires profondément inégaux sur presque tous les plans. (...). Les négociations se déroulent entre, d'un côté, les 25 pays membres de l'UE, qui ont un PNB combiné d'environ 10.000 milliards d'euros, et de l'autre, sept groupes de pays ACP, dont 39 font partie des 50 pays les moins avancés (PMA). [279]». Ensuite, la Coordination dénonce l'impact des APE notamment sur le plan fiscal et sur le processus d'intégration en Afrique. Dans le cadre de la négociation des APE avec les pays ACP, la Commission européenne, a procédé à un découpage régional des pays ACP, différent du découpage des organisations régionales existantes en Afrique. Ainsi, selon la Coordination, le découpage opéré par la Commission « ne tient suffisamment pas compte des processus d'intégration en cours. ».

In fine, malgré la pression de la Commission européenne sur les États africains pour ratifier les APE, ces États restent encore hésitants dans leur grande majorité. À date, on constate que les APE sont ratifiés par seulement quinze États africains parmi lesquels figurent deux membres de la

[278] Créée en 1994, la Coordination SUD regroupe plus de 130 ONG qui mènent des actions humanitaires d'urgence et d'aide au développement.
[279] Coordination SUD, *Accords de partenariat économique et agriculture : quels enjeux pour l'Afrique ?* éd. 2014.

CEDEAO[280] : Cameroun[281], Comores, Madagascar, Maurice, Seychelles, Zimbabwe, Kenya, Botswana, Eswatini, Lesotho, Mozambique, Namibie, Afrique du Sud, Ghana et Côte d'Ivoire[282]. Toutefois, la vive controverse autour des APE ne devrait pas empêcher les deux parties (l'UE et l'Afrique) à travailler dur pour trouver ensemble une entente[283] sur l'ouverture graduée du marché africain

---

[280] La République de Guinée, membre de la CEDEAO a signé un APE avec l'UE, mais ne l'a pas encore ratifié. Toutefois, la Guinée se voit appliquer « le régime *Tout sauf les armes* (Everything But Arms, EBA), accordé aux pays les moins avancés. Cela lui permet d'exporter quasiment tous ses produits vers le marché de l'UE sans tarifs douaniers ni limitations de volume, lui offrant un avantage compétitif important ». Source : *L'Union européenne et la Guinée.*

[281] Selon une étude de Friedrich Ebert Stiftung, une fondation politique allemande, *il transparaît que la ratification de l'APE d'étape semble avoir été largement motivée par la volonté du Président Paul BIYA de ménager les intérêts économiques et commerciaux des pays-membres de l'UE au Cameroun. Ainsi, à contre-courant des tendances qui se dessinaient, y compris au sein même de l'administration en faveur de la non-ratification de l'APE intérimaire, une instruction présidentielle a été donnée en faveur de la ratification. C'est en application de celle-ci que le rapport intitulé « Plan d'adaptation de l'économie camerounaise dans la perspective de l'entrée en vigueur de l'APE » a été réalisé et publié par le ministère de l'Économie, de la Planification et de l'Aménagement du Territoire (MINEPAT).* Source : *Le Cameroun face à l'Accord de partenariat économique (APE) avec l'Union européenne : menace ou opportunité ?* novembre 2015.

[282] Selon le Journal Jeune Afrique, la Commission européenne menaçait de retirer à la Côte d'Ivoire et au Ghana les préférences douanières dont ils bénéficient s'ils ne ratifiaient pas avant le 1er octobre 2016, les APE avec l'UE. Source : *APE : Bruxelles fait monter la pression sur les pays d'Afrique de l'Ouest,* le 15 juillet 2016.

[283] Dans une de ses recommandations clefs, la Coordination SUD *demande que la Commission et les États membres de l'Union européenne s'engagent, en substitution aux APE, dans la négociation d'Accords de Coopération et de Solidarité qui ne soient pas basés sur le libre-échange. De tels accords devraient avoir pour objectif la réalisation des droits humains dans les pays ACP et, en particulier, les droits économiques, sociaux et culturels. Le droit des ensembles*

aux entreprises européennes dans des conditions qui seront loin de remettre en cause l'émergence économique de l'Afrique, à travers notamment la mise en place effective d'un véritable marché intra-africain.

1.5. NEPAD

Le Nouveau partenariat pour le développement de l'Afrique connu sous l'acronyme anglais « NEPAD » a été lancé lors du sommet des chefs d'État à Lusaka en juillet 2001. Il est issu de la fusion du plan « Oméga » de l'ancien président du Sénégalais, Abdoulaye Wade, et du MAP « Millenium African Renaissance Programme » des anciens présidents Thabo Mbeki de l'Afrique du Sud, Abdelaziz Bouteflika de l'Algérie et Olesegun Obasanjo du Nigeria. Le NEPAD est né du constat selon lequel l'aide et le prêt n'ont jamais permis à l'Afrique de s'en sortir. Pour le président sénégalais, ce binôme a montré ses limites, d'où la nécessité de recourir au secteur privé en vue d'assurer le financement de huit secteurs jugés prioritaires par le NEPAD : agriculture, éducation, santé, Infrastructures, énergie, TIC, environnement et accès aux marchés. Par ses caractéristiques, le NEPAD était un mécanisme libéral (opposé au poids écrasant de l'État dans l'économie), non contraignant (la mise en œuvre de ses objectifs faisait appel au Mécanisme africain d'examen par les pairs

---

régionaux à protéger et réguler leurs marchés devrait être pleinement reconnu, notamment pour les produits agricoles et alimentaires. L'autonomie politique des pays et régions ACP et leur capacité à disposer de ressources financières et à lutter contre l'évasion fiscale ne doivent pas être entravées, mais au contraire soutenues. Dans le même temps, le statut de PMA (et donc l'accès au régime commercial « Tout sauf les Armes ») devrait être accordé à l'ensemble des régions ACP constituées majoritairement de pays PMA, de façon à favoriser les processus d'intégration régionale.

« MAEP [284] ») et fondé sur le respect de certains préalables (paix, sécurité et gouvernance).

Toutefois, de nombreuses critiques ont été formulées à l'égard du NEPAD. La première porte sur son ambition ultralibérale. Le président sud-africain, Thabo Mbeki, a été particulièrement accusé d'avoir insufflé ce courant de pensée économique au NEPAD. Il a en effet « joué un rôle essentiel dans la conception et la promotion du NEPAD et l'on peut dire que, sans l'Afrique du Sud, ce projet n'aurait sans doute jamais vu le jour [285] », écrit Ian Taylor. Malgré ses buts louables, Taylor estime qu'au lieu « de repenser l'architecture du commerce mondial, le NEPAD et l'Afrique du Sud essaient d'acclimater le néolibéralisme à tous les pays africains. Le NEPAD peut donc être décrit comme une tentative d'insertion plus profonde de l'Afrique dans l'ordre capitaliste mondial, mais selon des termes renégociés octroyant quelques faveurs aux élites africaines les plus extraverties. ».

La seconde critique est sa déconnexion des réalités sociales africaines. Il est à cet égard reproché au NEPAD d'être exclusivement le produit des élites africaines

---

[284] Selon l'UA, le MAEP est un instrument mis en place en 20O3 dans le cadre de la mise en œuvre du NEPAD. Il est *conclu entre les États africains pour évaluer et réviser systématiquement la gouvernance au niveau des Chefs d'État afin de promouvoir la stabilité politique, l'intégration économique accélérée au niveau sous-régional et continental, la croissance économique et le développement durable. En adhérant au MAEP, les États membres conviennent d'évaluer indépendamment la conformité à leurs engagements africains et internationaux en matière de gouvernance.* La performance et les progrès sont mesurés dans quatre domaines thématiques : la démocratie et la gouvernance politique ; la gouvernance et la gestion économiques ; la gouvernance d'entreprise ; et le développement socio-économique.

[285] Ian Taylor, *La politique sud-africaine et le NEPAD : contradictions et compromis,* revue Politique africaine, n°91, 2003/3.

branchées au milieu d'affaires occidentales. Se faisant l'écho des préoccupations des sociétés civiles africaines lors de la tenue, du 26 au 27 juin 2002 du sommet de G8 à Kananaskis (Canada), le journal canadien faisait remarquer que ces sociétés « déplorent le fait de n'avoir pas été mises à contribution dans la formulation de ce projet et réclameront qu'il soit renvoyé chez lui pour études approfondies.[286] ». Parallèlement à ce sommet, les sociétés civiles africaines avaient tenu du 25 au 28 juin 2002, un contre-sommet qualifié de « sommet des pauvres » à Siby, un village malien dépourvu d'électricité et de téléphone. Le but de ce contre-sommet était de dénoncer le virage néolibéral pris par certains chefs d'État africains non mandatés par les peuples d'Afrique en formant un « front de refus » contre le NEPAD qui n'intégrait pas les préoccupations des sociétés africaines[287].

1.5.1. Bilan

À en croire le constat dressé par Moustapha Kassé, Professeur à la Faculté des Sciences économiques et de gestion de l'Université Cheikh Anta Diop de Dakar et membre du comité de rédaction du projet NEPAD, le bilan du NEPAD était loin d'être reluisant. Après une demi-décennie d'existence, écrit-il, « les bailleurs de fonds et les États africains ont levé des ressources substantielles pour la réalisation effective des études de faisabilité des grands projets d'infrastructure qui constituent, sans aucun doute, la priorité des priorités. En effet, facteur déterminant de la croissance économique, les infrastructures devraient permettre la constitution d'un véritable marché régional et participer à combler le gap de développement entre

---

[286] Guy Taillefer (Le Devoir), *Le développement de l'Afrique – le NEPAD souffre d'un manque de crédibilité,* le 2 mai 2002.
[287] Afrik.com, *Sommet des pauvres contre le NEPAD,* le 28 juin 2002.

l'Afrique et les pays industrialisés. Les appuis importants mobilisés par la BAD, le PNUD, le Canada, le Japon et bien d'autres pays et institutions de financement n'ont pas permis d'attirer les capitaux et les investissements étrangers nécessaires pour financer le Plan d'action à court ou à moyen et long termes (…).[288] ».

Parmi les raisons qui expliquent ce résultat médiocre, figurait en bonne place l'inefficacité de l'administration du NEPAD. Dans une interview accordée au journal Les Échos, l'ancien président sénégalais, Abdoulaye Wade, un des pères fondateurs du NEPAD, faisait cet aveu : « Je dois avouer que, depuis quatre ans, nous piétinons et que le secrétariat du NEPAD, installé en Afrique du Sud, dépense de l'argent inutilement : 13 millions de dollars en voyages, séminaires, colloques et table ronde, mais pas un kilomètre de route. Ce n'est pas de cela que l'Afrique a besoin. Le NEPAD est un bon projet, mais nous n'avons pas placé les hommes qu'il fallait pour l'animer. On y a mis des philosophes ou des littéraires, alors qu'il faudrait des managers, politiquement engagés, capables de mobiliser des financements, de piloter des projets.[289] ».

Toutefois, après une décennie d'existence, le Nigérien, Ibrahim Assane Mayaki, secrétaire exécutif de l'Agence de planification et de coordination de NEPAD, dressera pour sa part un bilan élogieux du NEPAD sur trois points[290] : l'originalité du projet (le NEPAD constitue la seule initiative continentale de développement), l'élaboration des

---

[288] Portail des revues scientifiques marocaines : *Le NEPAD dévoyé ou l'éclipse d'une grande espérance.*

[289] Les Échos, *Abdoulaye Wade : en finir avec l'Afrique balkanisée,* le 20 mars 2006.

[290] Afrique Renouveau, *En 10 ans d'existence, le NEPAD a réussi beaucoup de choses*, décembre 1011.

stratégies de développement dans les secteurs prioritaires du NEPAD (agriculture et infrastructure en particulier) et la mise en place d'un Mécanisme africain d'évaluation par les pairs sur le plan économique et politique. Force est cependant de reconnaitre que ce bilan est loin des attentes, qui, elles portaient, entre autres, sur la croissance économique, la réduction de la pauvreté et des inégalités, la diversification des activités de production et l'amélioration de la compétitivité sur le plan international[291].

1.5.2. Transformation

Au regard de ce bilan fort mitigé, les gouvernements africains ont pris la décision d'amarrer le NEPAD à l'UA dans le cadre d'une réforme institutionnelle de cette dernière. Ainsi, en février 2010, au cours de la 14e assemblée de l'UA, le NEPAD a été intégré dans les structures et processus de l'UA à travers la création de l'Agence de planification et de coordination du NEPAD (APC). Les objectifs du APC sont les suivants[292] :

- Faciliter l'exécution des programmes et projets prioritaires régionaux et continentaux ;
- Renforcer les partenariats, la mobilisation des ressources, la recherche, et la gestion des connaissances ;
- Conduire les processus de développement du continent ;
- Créer un environnement favorable à la participation du secteur privé, et ;

[291] Laurence Porgès, *NEPAD : présentation et résumé du texte de référence,* revue Afrique contemporaine n°204, 4°trimestre, 2002.
[292] AUDA-NEPAD : *Le nouveau partenariat pour le développement de l'Afrique a 10 ans,* le 28 décembre 2015.

- Développer des liens institutionnels et exploiter les ressources techniques existantes pour soutenir le programme du NEPAD.

En juillet 2018 à Nouakchott (Mauritanie), au cours de la 31e session ordinaire de l'UA, les Chefs d'État et de gouvernement ont également pris la décision de transformer l'APC en Agence de développement de l'Union africaine (ADUA). Au terme de cette décision, le président de la Commission de l'UA est désormais chargé d'assurer la supervision de l'ADUA, une entité technique de l'UA disposant de sa propre personnalité juridique. Basée en Afrique du Sud, l'ADUA, organe de mise en œuvre de la stratégie de développement de l'Agenda 2063 de l'UA, est aussi chargée « de faciliter et de coordonner la mise en œuvre des programmes et projets de développement prioritaires régionaux et continentaux, et de promouvoir les partenariats, la mobilisation des ressources, la recherche et la gestion des connaissances.[293] ». Au regard de son mandat, l'ADUA est donc fortement impliquée dans la mise en œuvre des objectifs de la Zlecaf.

2. Bilan des initiatives d'intégration économique

Pour conclure sur le bilan global des différentes initiatives africaines en matière d'intégration économique et de transformation du continent noir en une puissance économique qui compte dans le monde, le moins que l'on puisse dire est qu'on est encore loin du compte, malgré les maigres résultats engrangés ici et là par les communautés régionales. Autrement, l'Afrique a du pain sur la planche ! de la Déclaration de Monrovia à la Zlecaf, en passant par le Plan d'action de Lagos, le traité d'Abuja mettant en place la Communauté économique africaine et le NEPAD,

[293] UA/NEPAD : Agence de développement de l'UA.

l'Afrique n'a pas manqué d'initiatives. D'une forme d'intégration purement volontaire prévue dans la Déclaration de Monrovia et le Plan d'action de Lagos, les États africains sont allés à partir des années 1990 vers une forme d'intégration plus profonde et juridiquement bien organisée à travers le Traité d'Abuja, le NEPAD et la Zlecaf. Les Communautés économiques régionales africaines se sont aussi lancées dans la même logique d'intégration fondée sur les principes de l'économie libérale. Mais à tous les niveaux, les résultats sont en deçà des attentes. Au regard des données fournies par l'Indice de l'intégration régionale en Afrique, le constat en matière d'intégration est sans appel : « Le continent africain est globalement peu intégré, son score moyen étant de 0,327 ». La Zlecaf est la toute dernière trouvaille de l'UA pour booster l'intégration économique dans le continent. Comme les autres trouvailles avant elle, la Zlecaf à son tour, suscite de nombreux espoirs. Il existe une abondante littérature sur ses bienfaits et la manière dont elle peut apporter la prospérité aux Africains. Mais rien n'oblige de croire, les yeux fermés, dans les projections les plus optimistes des experts et d'autres organismes spécialisés sur la capacité transformatrice de la Zlecaf sans sa mise en œuvre effective par les États.

VI. Conclusion

Les spectaculaires initiatives d'affranchissement de certains pays d'Afrique francophones (Mali, Burkina Faso, Niger, Tchad, Sénégal et Côte d'Ivoire) de la tutelle militaire française ne font que traduire la forte volonté d'indépendance qui anime ces pays vis-à-vis de leur ancienne puissance coloniale. À moins qu'ils ne se jettent, pieds et mains liés dans le camp d'une autre puissance, les démarches entreprises par ces pays visent à mettre en place les conditions de leur autonomie stratégique dans les domaines politique et militaire. En renonçant à la tutelle militaire française, certains d'entre eux (le Mali, le Burkina Faso et le Niger) ont adopté, le 16 septembre 2023, la Charte du Liptako-Gourma qui met en place l'Alliance des États du Sahel (AES). À travers son article 6[294] qui s'inspire de l'article 5[295] de l'Organisation du Traité de l'Atlantique

[294] Cet article dispose que : *Toute atteinte à la souveraineté et à l'intégrité du territoire d'une ou plusieurs Parties contractantes sera considérée comme une agression contre les autres Parties et engagera un devoir d'assistance et de secours de toutes les Parties, de manière individuelle ou collective, y compris l'emploi de la force armée, pour rétablir et assurer la sécurité au sein de l'espace couvert par l'Alliance.*

[295] Cet article dispose que : *Les parties conviennent qu'une attaque armée contre l'une ou plusieurs d'entre elles survenant en Europe ou en Amérique du Nord sera considérée comme une attaque dirigée contre toutes les parties, et, en conséquence, elles conviennent que, si une telle attaque se produit, chacune d'elles, dans l'exercice du droit de légitime défense, individuelle ou collective, reconnu par l'article 51 de la Charte des Nations Unies, assistera la partie ou les parties ainsi attaquées en prenant aussitôt, individuellement et d'accord avec les*

Nord (OTAN) mis en place entre les puissances occidentales le 4 avril 1949 par le « traité de Washington », la Charte du Liptako-Gourma institue un pacte de défense mutuelle entre ses signataires.

La même volonté d'indépendance, déclarée, mais non encore exécutée, existe aussi dans le domaine monétaire. L'appel à la dissolution du franc CFA, monnaie symbolisant la perpétuation du lien colonial entre la France et l'Afrique, résonne de manière croissante dans le débat africain. Dans le cadre de la campagne électorale pour l'élection présidentielle au Sénégal en mars 2024, Ousmane Sonko, principal leader d'un parti souverainiste, les Patriotes Africains du Sénégal pour le Travail, l'Ethique et la Fraternité (PASTEF), disait ceci contre le franc CFA : « Le franc CFA tel qu'il est conçu entrave le développement économique de la région et il est nécessaire d'envisager d'autres options. Nous essaierons d'abord de mettre en œuvre une réforme monétaire au niveau sous-régional. Si nous n'arrivons pas à impulser les réformes au niveau communautaire, alors nous prendrons la responsabilité de doter le Sénégal de sa propre monnaie.[296] ».

L'idée d'une Afrique unie, qui décide pour elle-même, selon ses propres intérêts, est un idéal porté par les pères fondateurs de l'OUA dans les années 60. Si leur combat fut neutralisé par la rivalité est-ouest à l'époque, force est de constater, depuis le début des années 2020, la montée en puissance des courants souverainistes dans nombre de pays d'Afrique francophones. Ces pays vivent une sorte de

---

autres parties, telle action qu'elle jugera nécessaire, y compris l'emploi de la force armée, pour rétablir et assurer la sécurité dans la région de l'Atlantique Nord. (...).

[296] BBC : *Sortie ou non du franc CFA : ce qu'en disent les principaux candidats à la présidentielle au Sénégal*, le 21 mars 2024.

retournement de l'histoire. En effet, ce qui se passe dans les pays qui ont décidé de rompre récemment leurs relations avec la France, en matière de défense, n'est pas sans rappeler les débuts chaotiques des relations franco-guinéennes en 1958. La Guinée était à cette époque la seule colonie française qui a osé, par un vote populaire, rejeter son adhésion à la « Communauté franco-africaine » proposée par le général de Gaulle. Il s'agissait d'une sorte de fédération qui conférait à Paris tous les pouvoirs en matière de défense, de diplomatie, de monnaie et de gestion des ressources naturelles dans la communauté. Malgré le coût élevé de son choix historique, le nouvel État guinéen incarnait courageusement en 1958 une Afrique qui se voulait libre et surtout indépendante vis-à-vis de la France. Plus de soixante ans après, les pays qui avaient voté en faveur de la Communauté reviennent peu à peu sur les pas de la Guinée, qui a vécu comme un État libre, avec sa propre monnaie et sans base militaire française sur son sol. L'Afrique vit en quelque sorte la revanche du groupe de Casablanca[297].

Toutefois, c'est au début des années 2010 que, dans son ensemble, l'Afrique a entamé la deuxième étape de son existence, après une première étape consacrée à sa reconnaissance en tant qu'entité indépendante. Cette deuxième étape consiste à consolider les acquis de la première, et surtout à mettre en place les conditions de réalisation de la vision de l'Agenda 2063 de l'UA. C'est la vision d'une « Afrique intégrée, prospère et pacifique, dirigée par ses propres citoyens et représentant une force dynamique dans l'arène internationale. ».

---

[297] Par opposition au groupe de *Monrovia* animé par les dirigeants libéraux, partisans d'une unité minimaliste entre les nouveaux États africains, le groupe de *Casablanca* était animé par les dirigeants de gauche, partisans d'une unité maximaliste.

Ce pari est-il possible ?

Oui, avec ses atouts (continent riche en ressources naturelles avec une élite sophistiquée qu'il convient de mettre à contribution sans aucune forme de discrimination et une jeunesse qui ne demande qu'à être formée, encadrée et employée), l'Afrique est sans doute en mesure de réaliser la vision de l'Agenda 2063 de l'UA. Dans les domaines politique, économique et sécuritaire, l'Afrique dispose, sur papier, d'un cadre juridique et institutionnel dynamique fourni par l'UA et les CER, capable de porter cette vision.

La mise en œuvre de ces instruments, tant au niveau continental que régional, suppose une volonté politique forte des dirigeants africains. Les dirigeants des pays les plus influents du continent (Afrique du Sud, le Nigeria, l'Éthiopie, l'Égypte, le Maroc, l'Algérie, etc.) devraient assumer dans cette perspective une grande responsabilité en donnant l'exemple et en incitant les pays les plus hésitants à s'engager dans la voie de l'intégration africaine. Elle suppose également une réforme majeure du système international pour permettre à l'Afrique d'intégrer les centres de décision des institutions de gouvernance mondiale (ONU, FMI, BM…). L'attribution d'un siège à l'UA au sein de G20 en 2023 est certes un pas décisif dans la bonne direction. Mais cette action doit être complétée par d'autres actions permettant à l'UA de prendre toute sa place au sein du Conseil de sécurité des Nations Unies (en y devenant un membre permanent) et d'autres institutions financières internationales. En effet, l'impact direct ou indirect des décisions des institutions de gouvernance mondiale sur la vie économique, politique, sociale et sécuritaire des États africains rend légitime la prise en considération du « point de vue » africain dans le processus d'élaboration des décisions qui structurent la vie internationale.

Tout en poursuivant et approfondissant ses relations avec l'occident dans le cadre de l'atteinte des objectifs de l'Agenda 2063 de l'UA, l'Afrique doit être consciente de son ancrage dans le Sud Global et développer avec les BRICS, le forum international le plus à l'écoute de ses préoccupations, ses ambitions de pacification du continent, de réforme des institutions de gouvernance mondiale, d'opérationnalisation de sa zone de libre-échange (Zlecaf) et de promotion du multilatéralisme. Yousra Abourabi et Julien Durand Sanctis estiment à cet égard dans une étude que « le fait que les pays africains diversifient leurs partenaires économiques (notamment avec la Chine, l'Inde ou encore le Brésil), contribue à leur autonomisation face aux grandes puissances traditionnelles, que ce soit sur le plan économique ou sécuritaire.[298] ».

Toutefois (et c'est lieu de s'interroger si le pari de concrétisation de la vision de l'Agenda 2063 de l'UA n'est pas comme les initiatives précédentes, une simple déclaration d'intention), le défaut de mise en œuvre par les États de leurs engagements communautaires risque de compromettre la mise en place des trois piliers (politique, sécuritaire et économique) de l'autonomie stratégique africaine. Il incombe donc aux États africains de prendre des mesures énergiques pour respecter et faire respecter ces engagements. S'ils sont généralement prompts à signer des accords et autres arrangements en matière d'intégration économique, politique et sécuritaire, ils sont aussi les derniers à se faire des soucis pour leur mise en œuvre effective. Trois exemples, en lien avec les piliers de l'autonomie stratégique africaine, peuvent être cités à cet égard.

Le premier est le retard dans la mise en place du marché commun prévu dans le traité d'Abuja de 1991. Alors que ce

---

298 *L'émergence de puissances africaines de sécurité : étude comparative,* IRSEM, 2016, n°44, p. 12.

traité prévoyait la mise en place de ce marché sur une période de 34 ans, par le franchissement de 6 étapes, force est de constater que l'Afrique est encore sans monnaie unique, sans banque centrale commune et sans Fonds monétaire africain. Pour corriger ces difficultés, les États africains passèrent en 2018 à une autre organisation, la Zlecaf, donnant ainsi l'impression que le seul moyen de résoudre le non-respect d'un calendrier est l'abandon de celui-ci et l'élaboration d'un autre. En agissant ainsi, les États déplacent les problèmes au lieu de les régler. L'accord sur la Zlecaf risque de connaitre le même sort que le traité d'Abuja, si les États négligent la mise en œuvre de leurs engagements. Le deuxième exemple concerne la non-opérationnalisation de la Force Afrique en Attente (FAA), bras armé du Conseil de Paix et de Sécurité. Sans cette opérationnalisation, qui dépend en réalité de la volonté politique des États africains et des moyens qu'ils dégageront à cet égard, l'UA sera impuissante face aux crises et conflits qui paralysent et endeuillent le continent (est de la RDC, Soudan, etc.). Enfin, le troisième exemple porte sur l'incapacité des États membres de l'UA d'avoir une définition consensuelle de la notion de « changement anticonstitutionnel de gouvernements » prévue dans la « Charte africaine de la démocratie, des élections et de la gouvernance ». En 2022 à Malabo (Guinée Équatoriale), lors de la 16e session extraordinaire de la Conférence de l'UA sur le terrorisme et les changements anticonstitutionnels de gouvernements, les chefs d'État et de gouvernement, à cause de leur dissension sur la définition de ce concept, avaient discrètement quitté le sommet pour ne pas avoir à approuver une quelconque déclaration à ce sujet. M. Moussa Faki Mahamat, président de la Commission de l'Union africaine, ne manquera cependant pas d'établir un lien entre les « coups d'État militaires » qui sont de retour en Afrique depuis le début de l’année 2020 et les modifications de constitutions aux fins de confiscation du pouvoir. Dans l’un ou l’autre cas, c’est la démocratie qui prend un coup, laissant ainsi la porte ouverte à toute forme d’instabilité.

Ces trois exemples démontrent le degré d’interdépendance et de connexion qu’il y a entre les trois piliers de l'autonomie stratégique africaine. L'un ne peut fonctionner sans l'autre, vice-versa, dans une sorte de système intégré. En effet, l'intégration effective des économies africaines, source de prospérité, est donc une illusion dans une Afrique en guerre et politiquement instable. Sans la consolidation de ces piliers par les Africains eux-mêmes, c’est le rêve d’une Afrique unie, prospère et pacifique dont la voix compte dans la marche du monde qui s’évanouit.

Bibliographie

I. Ouvrages

1. Ali A. Mazrui, « Histoire générale de l'Afrique, VIII, l'Afrique depuis 1935 », éd. UNESCO, 1998.
2. Aimé Césaire, « Discours sur le colonialisme », éd, Présence africaine, 1955.
3. Bertrand Badie, « L'État importé. Essai sur l'occidentalisation de l'ordre politique », éd. Fayard, 1992,
4. Cheikh Anta Diop, « Fondements économiques et culturels d'un État fédéral d'Afrique noire », éd. Présence africaine, 1974.
5. Daniel Royot, « Les États-Unis à l'épreuve de la modernité », éd. Presses Sorbonne Nouvelle, 1993.
6. Olivier Joffre, Manuel Cartier et Hélène Delacour, « Stratégie », éd. Dunod, 2010.
7. Said Bouamama, « Manuel stratégique de l'Afrique », tomes 1 et 2, éd. Investig'Action, 2018.
8. Sun Tsu, « L'Art de la guerre », vers le Ve siècle av. J.-C.
9. Youssouf Sylla, « Post Françafrique », éd. L'Harmattan, 2021.

II. Revues

1. Afrique contemporaine

1.1. Laurence Porgès, « NEPAD : présentation et résumé du texte de référence », 2002, revue Afrique N°204.

2. Afkar/idées

2.1. Senén Florensa et Jordi Bertran, « Défis et priorités de L'Union du Maghreb arabe. ».

3. **Cahier d'études africaines**

3.1. **Roger** Little, « Du nouveau sur le procès Blaise Diagne–René Maran », 1er janvier 2023.

4. Contretemps

4.1. David Murphy, entretien avec Selim Nadi, « Communisme et anticolonialisme : sur Lamine Senghor ».

5. CAR (Conflict Armament Research)

5.1. « Enquête sur les transferts d'armes transfrontaliers dans le Sahel », novembre 2016.

6. CACID (Centre africain pour le commerce international et le développement)

6.1. « Que sont devenus les Accords de partenariat économique (APE) en Afrique ? ».

7. Défense nationale

7.1. Mankeur Ndiaye, « l'appropriation africaine de la réflexion stratégique », 2016 N° 792.

8. Cahier de la recherche sur les droits fondamentaux

8.1. Maria Castillo, « L'Union européenne et la Covid-19 : une crise à oublier ; une crise pour évoluer », 1er mai 2022.

9. EHNE (Encyclopédie d'histoire numérique de l'Europe)

9.1. « La CEE/UE et l'aide au développement de Lomé à Cotonou. ».

10. Grip (Groupe de recherche et d'information sur la paix et la sécurité)

10.1. Michel Luntumbue et Oswald Padonou, « APSA : contours et défis d'une Afrique de la défense », 20 janvier 2014.

10.2. Violette Trégarot, « Les écueils de la position de la France dans une Libye divisée : le soutien à Haftar et ses conséquences », 21 décembre 2023.

11. Friedrich Ebert Stiftung

11.1. « Le Cameroun face à l'Accord de partenariat économique (APE) avec l'Union européenne : menace ou opportunité ? », novembre 2015.

12. Luxembourg centre for contemporary and digital history

12.1. Texte de la Convention de Yaoundé, 20 juillet 1963.

13. ISS (Institut d'études et de Sécurité)

13.1. Nicodemus Mind, « Africa Corps : la Russie fait-elle du neuf avec du vieux ? », 7 mars 2024.

14. IRSEM (Institut de recherche stratégique de l'école militaire)

14.1. Yousra Abourabi et Julien Durand de Sanctis, « L'émergence de puissances africaines de sécurité : études comparatives », 2016, N°44.

14.2. Anne-Laure Mathé et Hugo Chouarbi, « Le barrage de renaissance, reflet de la montée des tensions entre l'Égypte, le Soudan et l'Éthiopie », brève stratégique, 2021, N°23.

15. IRIS

15.1. Patrick Ferras, « La CARIC et le débat d'idées au sein de l'Union africaine », 26 juin 2020.

16. Historical archives of the european union

16.1. « Conventions ACP-UE ».

17. Observatoire du monde arabo-musulman et du Sahel

18. Mohamed Ben Lamma, « La structure tribale en Lybie : facteur de fragmentation ou de cohésion ? », juillet 2017.

19. Outre-Terre

19.1. Khader, Bichara. « La Tunisie fut-elle l'hirondelle qui annonçait le printemps arabe ? », 2011.

20. Histoire Outre-mers

20.1. Patrick Dramé, « Une construction identitaire dans l'Afrique postcoloniale : le projet d'États-Unis d'Afrique chez Diop et Nkrumah », 2013, tome 100, n°378-379.

21. Politique africaine

21.1. Jérôme Tubiana, « Le Darfour, un conflit pour la terre ? », 2006, N° 101(1).

21.2. Ian Taylor, « La politique sud-africaine et le NEPAD : contradictions et compromis », 2003, N°91.

22. University of Cambridge

22.1. « Outils d'aide à la décision ».

23. University of Edinburgh

23.1. Déclaration du 3°Congrès panafricain.

23.2. Déclaration du 6e Congrès panafricain sur la lutte de libération nationale en Afrique australe.

24. Michigan State University

24.1. « Resolutions of the plenary of the 7th Pan African Congress, Kampala, 1994 ».

25. Stratégique

25.1. « Un carrefour stratégique, la bande sahélo-saharienne », 2018, N°120/3.

26. **Revue Policy Center**

26.1. Abdelkhalek el Bikam, Oumar Kourouma et Zitha Afang Ndong, « Union africaine : Quelles options d'autonomie stratégique possibles ? », 25 août 2017.

27. Telos

27.1. Serge Galam, « La guerre peut resurgir en Europe occidentale », 6 juin 2024.

III. <u>Institutions</u>

1.1. Élysée (France)

1.1. Discours d'Emmanuel Macron pour une Europe souveraine, unie et démocratique à la Sorbonne le 26 septembre 2017.

2. France Archives

2.1. « Blaise Diagne (1872-1934).

3. Vie publique (France)

3.1. « Livre blanc de la Défense », 1994.

3.2. « Quel partenariat entre l'UE et les États ACP (Afrique, Caraïbes, Pacifique) ? ».

4. IRIS (Institut de Relations Internationales et Stratégiques)

4.1. Christophe Ventura, « BRICS+ : vers un monde plus multipolaire », décembre 2023.

5. Institut Royal des études stratégiques du Maroc (IRES), Rapport stratégique : « Pour un développement autonome de l'Afrique », 2018 (Maroc).

6.Ministère des Affaires étrangères, de l'Intégration régionale et des Togolais de l'Extérieur (Togo).

6.1. « Le 9e congrès panafricain se déroulera à Lomé du 2 octobre au 2 novembre 2024 », le 12 mars 2024.

7. AUDA-NEPAD

7.1. « Le nouveau partenariat pour le développement de l'Afrique a 10 ans », 28 décembre 2015.

8. CPI (Cour pénale internationale)

8.1. Le Procureur c. Omar Hassan Ahmad Al Bashir.

9.Banque Mondiale

9.1. Johan A. Mistiaen et Haoyu Wu, « Accélérerez la réduction de la pauvreté en Afrique subsaharienne passe par la stabilité », 5 mars 2024.

9.2. « Zone de libre-échange continentale africaine : effets économiques et redistributifs », 27 juillet 2020.

10. BAD

10.1. « L'Afrique riche en ressources naturelles, n'a aucune excuse pour rester pauvre », 29 novembre 2023.

11.Commission économique des Nations Unies pour l'Afrique

11.1. « Accords commerciaux et flux de commerce dans la CEDEAO : Le partage d'une monnaie unique est-il déterminant ? ».

11.2. « La Communauté des États Sahélo-Sahariens (CEN-SAD) ».

11.3. « SADC- La Communauté de développement de l'Afrique australe. ».

11.4. « IGAD – Autorité intergouvernementale pour le développement. ».

11.5. « La Zlecaf, tout ce que vous devez savoir ».

12.Commission africaine des Droits de l'Homme et des Peuples

12.1. « Rapport du Groupe de travail de la Commission africaine sur les populations/communautés autochtones », août 2005.

13.CEEAC

13.1. « Présentation de la Communauté économique des États de l'Afrique Centrale. ».

14.CEDEAO

14.1. Traité révisé de la Communauté africaine des États de l'Afrique de l'Ouest, 16 février 2010.

14.2. Protocole sur la libre circulation des personnes, le droit de résidence et d'établissement, 1979.

14.3. Schéma de Libéralisation des Échanges, 1979.

14.4. Protocole sur la démocratie et la bonne gouvernance, 2001.

14.5. Acte additionnel A/SA.1/12/16 relatif au renforcement des prérogatives du 14.6. Parlement de la CEDEAO, 2016.

14.7. Protocole mettant en place la Cour de justice de la Communauté, 1991.

15. ONU

15.1. « L'ONU et la crise au Soudan », 13 novembre 2024.

15.2. « Rapport de la mission d'évaluation des incidences de la crise libyenne sur la région du Sahel », S/2012/42 du 18 janvier 2012.

16.UA

16.1. « Agenda 2063, l'Afrique que nous voulons, Cadre stratégique commun pour une croissance inclusive et un développement durable ».

16.2. Accord Zlecaf, 2018

16.3. Message de la Présidente de l'Union africaine, S.E. Dr Nkosazana Dlamini Zuma, à l'occasion de la clôture d'une année de célébrations du Jubilé d'Or et du 51e anniversaire de l'OUA/l'UA sous le thème « Panafricanisme et Renaissance africaine, 25 mai 2014.

16.4. Protocole relatif à la création du Conseil de paix et de sécurité de l'UA de 2002

16.5. Protocole relatif au Parlement africain de 2014

16.6. Protocole portant statut de la Cour africaine de justice et des droits de l'homme de 2008.

16.7. Traité d'Abuja de 1991.

16.8. L'état de l'intégration régionale et continentale en Afrique.

16.9. NEPAD : Agence de développement de l'UA.

17.UE

17.1. Joseph Borrell, « De l'intérêt de l'autonomie stratégique européenne », 3 décembre 2020.

17.2.EUR-Lex, « Procédure législative ordinaire (codécision).

17.3. « Politique de l'UE en matière de commerce et de développement : les 10 avantages des accords de partenariat économique », 2016.

18.UNFPA

18.1. « Population et développement en Afrique » 1994.

IV. Médias

1.Afrique renouveau

1.1. Vivian Lisanza, « Le Swahili gagne en popularité dans le monde », 9 décembre 2021.

2.Africanews

2.1. (AFP), « Malabo : le Sommet de l'Union africaine se clôture sans cérémonie », 30 mai 2022.

3. Afrik.com

3.1. « Sommet des pauvres contre le NEPAD », 28 juin 2002.

4.Algérie Presse service

4.1. « El-Menfi se félicite du noble soutien de l'Algérie à la Libye », 1é octobre 2022.

5. BBC News Afrique

5.1. Papa Atou Diaw, « Le Nicaragua, nouvelle route de transit pour les migrants d'Afrique de l'Ouest », 14 octobre 2023.

5.2. « Sortie ou non du franc CFA : ce qu'en disent les principaux candidats à la présidentielle au Sénégal. », 21 mars 2024.

6.Courrier international

6.1. « L'Égypte et le Soudan rejettent fermement un accord sur le partage des eaux du Nil », 16 octobre 2024.

7. Cameroon-Info.Net

7.1. « Du Plan d'Actions de Lagos au nouveau plan de redressement économique de l'Afrique », 8 août 2001.

8.Devoir

8.1. Guy Taillefer, « Le développement de l'Afrique – le NEPAD souffre d'un manque de crédibilité », 2 mai 2002.

9.Franceinfo

9.1. Jean-Marc Four, « Un accord de paix après 17 ans de guerre au Soudan », 5 octobre 2020.

10.Figaro

10.1. Chichizola, « L'Afrique est devenue l'épicentre du djihad mondial », du 15 avril 2024.

11.Gabon review

11.1. Griffin Ondo Nzuey, « Oligui Nguema à l'Élysée : la future base navale chinoise au menu des négociations », 28 mai 2024.

12.guinee7.com

12.1. Youssouf Sylla, « Guerre en Ukraine : le sens du vote africain à l'ONU », 4 mars 2022.

12.2. Youssouf Sylla, « Crise au Niger : Les dessous géopolitiques et économiques qui balkanisent l'Afrique de l'Ouest », 15 août 2023.

13.guineenews

13.1. Youssouf Sylla, « L'indispensable mue de la CEDEAO », 6 février 2024.

13.2. Youssouf Sylla, « La souveraineté africaine à l'épreuve de la privatisation de sa défense », 30 juin 2023.

13.3. Youssouf Sylla, « La politique africaine de défense commune », 25 mai 2022

13.4. Youssouf Sylla et Aboubacar Fofana, « Guinée : la Révolution des esprits », 25 septembre 2021.

14.Irin News

14.1. « Qui doit payer pour les missions de paix en Afrique ? »

15.Jeune Afrique

15.1. (AFP), « Mort de Kadhafi : critiquée par la Russie et l'ONU, l'OTAN rend compte de son attaque », 22 octobre 2011.

15.2. (AFP), « Mort de Kadhafi : critiquée par la Russie et l'ONU, l'OTAN rend compte de son attaque », 22 octobre 2011.

15.3. (AFP), « La dépouille de Patrice Lumumba de retour en RDC », le 22 juin 2022.

15.4. (AFP), « Le maréchal Haftar reçu par Poutine, une première depuis 2019 », 29 septembre 2023.

15.5. Benjamin Roger, « Il y a trente ans éclatait la guerre de Noël entre le Mali et le Burkina Faso », 25 décembre 2015.

15.6. Camille Dubruelh, « Nord-Mali : des rebelles touaregs attaquent Ménaka », 17 janvier 2012.

15.7. Lauranne Provenzano, « Kadhafi recrute des Touaregs du Niger et du Mali pour combattre la révolution libyenne », 2 mars 2011.

15.8. Pierre Boisselet, « Des centaines de combattants touaregs pro-Kadhafi rentrent au Niger et au Mali », 30 août 2011.

15.9. « Ce jour-là : le 5 novembre 1963, la guerre des sables prenait fin », 5 novembre 2023.

16.Échos

16.1. (AFP), « Pour leur premier sommet, les BRIC veulent gagner en importance », 12 juin 2009.

16.2. Hadrien Valat, « La CEDEAO, une organisation économique rompue aux interventions militaires », 13 août 2023.

16.3. Les échos, « Acte International, le partenaire mondial des exportateurs », 25 juin 2020.

16.4. « Abdoulaye Wade : en finir avec l'Afrique balkanisée », 20 mars 2006.

17. IPIS (International peace information service)

17.1. « Pourquoi le M23 n'est pas un groupe rebelle comme les autres », janvier 2023.

18.Libération

18.1. (AFP), « Le président Diomaye Faye demande à la France de fermer ses bases militaires », 29 novembre 2024.

18.2. Jean-Pierre Bat, « L'Afrique et la Première Guerre mondiale : la mission 18.3. Diagne (1918) », 21 janvier 2015.

18.4. Marc Semo, « Un dictateur aux abois lâché par les tribus », 23 février 2011.

19.Monde

19.1. (AFP), « L'Union africaine adopte certaines des réformes proposées par Paul Kagame », 19 novembre 2018.

19.2. (AFP), « Le rapport sur la configuration du dispositif militaire français en 19.3. Afrique présenté à Emmanuel Macron », 26 novembre 2024.

19.4. (AFP), « Le Burkina dénonce un accord militaire de 1961 avec la France », 2 mars 2023.

19.5. (AFP), « En remplissant son mégabarrage sur le Nil, l'Éthiopie relance les tensions avec l'Égypte.

19.6. Florence Miettaux, « Soudan du Sud : sans l'argent du pétrole, les caisses de l'État se vident et les élections sont menacées », 14 mai 2024.

19.7. Philippe Decraene, « L'ONU décide d'enquêter sur le raid de mercenaires dénoncé par M. Sékou Touré, un régime menacé depuis douze ans », 24 novembre 1970.

19.8. Philippe Bernard, « Le Nigeria rétrocède la péninsule de Bakassi, Zone riche en poisson et en pétrole au Cameroun », 15 août 2008.

20.Monde diplomatique

20.1. Colette Braeckman, « Comment le Zaïre fut libéré », juillet 1997.

20.2. Jean-Louis Rocca, « La montée en puissance de la Chine », 2014.

20.3. Philippe Decraene, « Les dirigeants politiques d'Afrique noire restent favorables à la formule des groupements régionaux », novembre 1963.

20.4. Pierre Rondot, « Après douze ans de fédéralisme, un État unitaire a été constitué pour accroitre l'efficacité du pouvoir central », octobre 1968.

21.Maitron

21.1. Maëlle Gélin, « La première conférence panafricaine », 22 novembre 2023.

22.Nation

22.1. « IGAD : Un pilier économique et sécuritaire dans une région en effervescence », 11 juin 2023.

23.Nofi media

23.1. Mathieu N'Diaye, « Rapport de Benito Sylvain sur la première conférence panafricaine de Londres, en 1900 », 16 avril 2018.

23.2. « Quand W.E.B. Du Bois s'adressait aux nations du monde », 6 février 2019.

23.3. « Georges Padmore : l'un des pères du panafricanisme », 17 octobre 2014.

24.Nouvel Obs

24.1. « Accord signé entre la RDC et le Rwanda », 30 juillet 2002.

24.2.RFI (Radio France Internationale)

24.3. « Le conflit dans l'Est du Congo : le président Tshisekedi critique son homologue kenyan sur le processus de Nairobi », 25 juillet 2024.

25.Sentinelle

25.1. Paix et sécurité : Tshisekedi appelle à l'opérationnalisation de la Force africaine en Attente », du 6 février 2022.

26.The Conversation

26.1. Boubacar Haidara et Lamine Savané, « La chute inéluctable du président malien Ibrahim Boubacar Keita », 20 août 2020.

26.2. Cyrille Bret, « L'OTAN survivra-t-elle à Donald Trump ? », 1er décembre 2019.

26.3. Rodriguez Gomes, « Soudan et Soudan du Sud : contexte et historique des conflits actuels », 11 décembre 2023.

27.The Journal of Pan African Studies

27.1. Manifeste de Londres, vol.8, no.4, September 2015

28.Tribune Afrique

28.1. Ristel Tchounand, « Global Gateway : l'offensive européenne de 150 milliards d'euros en Afrique », 11 février 2022.

29.Nouvelle Tribune

29.1. Charly Hessoun, « CEDEAO : Le coup de massue de **Guy Marius Sagna », 21 juillet 2024.**

30.Togo First

30.1. Esaïe Edoh, « 9e congrès panafricain à Lomé : le comité d'organisation fait le bilan des préparatifs », 24 juillet 2024.

31. VOA Afrique

31.1. « Il y a 20 ans, les attentats anti-américains en Afrique de l'Est », 5 août 2018.

V. Autres sources d'informations

1.African regional organisation of the international trade union confederation ITUC-AFRICA.

1.1. « 8th Pan-African Congress calls for council on african national affairs ».

2.Acte International

2.1. « Libre-échange UE/Afrique : l'APE intérimaire UE/Côte d'Ivoire ouvre la voie », octobre 2016.

Coordination SUD

2.2. « Accords de partenariat économique et agriculture : quels enjeux pour l'Afrique ? », édition 2014.

3.Black Agenda report

3.1. « Document: Resolution passed by fourth Pan-African congress, New York, City, 1927 », 1er juin 2022.

4.Comité d'organisation du 9e congrès panafricain de Lomé

4.1. « Objectifs du 9e congrès panafricain de Lomé ».

5.L'Éventail (magazine belge)

5.1. Bruno Colman, « Restaurons un État stratège », 13 mars 2023.

6.Forum

6.1. Sénégal, « l'autonomisation stratégique du continent dans le domaine de la sécurité », octobre 2022.

TABLE DES MATIÈRES

Structures éditoriales du groupe L'Harmattan

L'Harmattan Italie
Via degli Artisti, 15
10124 Torino
harmattan.italia@gmail.com

L'Harmattan Hongrie
Kossuth l. u. 14-16.
1053 Budapest
harmattan@harmattan.hu

L'Harmattan Sénégal
10 VDN SICAP AMITIE 3
BP 45034 Dakar-Fann
direction@senharmattan.com

L'Harmattan Cameroun
Tsinga/Derrière polyclinique FECAFOOT
BP 11486 Yaoundé
Jacques.koukam@harmattan.fr

L'Harmattan Burkina Faso
Villa 281, secteur 23 623, rue 14.32
Ouagadougou
zagbie@outlook.fr

L'Harmattan Guinée
Almamya, rue KA 028 OKB Agency
BP 3470 Conakry
harmattanguinee@yahoo.fr

L'Harmattan RDC
185, avenue Nyangwe
Commune de Lingwala – Kinshasa
matangilamusadila@yahoo.fr

L'Harmattan Congo
219, avenue Nelson Mandela
BP 2874 Brazzaville
deunovmikhael@gmail.com

L'Harmattan Mali
Immeuble Mgr Jean Marie Cissé
Aci Hamadallaye
BP 145 Bamako
syllaka@yahoo.fr

L'Harmattan Togo
Djidjole – Maison Amela
face EPP BATOME
02 BP 20680 Lomé
didieramela11@gmail.com

L'Harmattan Côte d'Ivoire
Résidence Karl – Cité des Arts
Abidjan-Cocody
03 BP 1588 Abidjan
harmattan.ivoire@gmail.com

L'Harmattan Bénin
Rue 604, (Immeuble à l'entrée
de la rue UCAO- Cite de Saint-Jean)
Cotonou
stepcorpus@gmail.com

Nos librairies en France

Librairie internationale
16, rue des Écoles
75005 Paris
librairie.internationale@harmattan.fr
01 40 46 79 11
www.librairieharmattan.com

Librairie des savoirs
21, rue des Écoles
75005 Paris
librairie.sh@harmattan.fr
01 46 34 13 71
www.librairieharmattansh.com

www.ingramcontent.com/pod-product-compliance
Lightning Source LLC
LaVergne TN
LVHW011007061026
849535LV00006B/1749
* 9 7 8 2 3 3 6 5 3 4 6 1 9 *